AF613805

CATALOGUE
DES LIVRES

COMPOSANT LA

BIBLIOTHÈQUE DE FEU M. J** L**

MEMBRE DE L'INSTITUT

DONT LA VENTE AURA LIEU

Du Mercredi 9 *au Samedi* 12 *Février* 1881
à 7 *heures et demie précises du soir*

Rue des Bons-Enfants, 28 (maison Silvestre)

Salle nº 1

Par le ministère de Mº Ch. Pillet, commissaire-priseur,
10, Rue de la Grange Batelière

Gazette des Beaux-Arts, 46 vol. — Seroux d'Agincourt, 6 vol. in-fol. — Du Sommerard. Les Arts au moyen âge, 5 vol. in-8 et 5 vol. in-fol. — Laborde. La Renaissance des arts. — Les Gemmes et Joyaux de la couronne, 2 vol. in-fol. — Collection Sauvageot. — Viollet-le-Duc, Dictionnaire de l'architecture et du mobilier français. — Costumes historiques par Mercuri. — Jules Labarte. Arts industriels. — Le Moyen Age et la Renaissance. — Les Arts somptuaires. — L'Art pour tous. — Le Livre d'heures d'Anne de Bretagne. — L'Œuvre de Jehan Foucquet. — Acherius, Spicilegium, 13 vol. in-4. — Baronius, Annales ecclesiastici, 27 vol. in fol. — Duvergier, collection complète des lois, 77 vol. in-8. — Glossarium infimæ græcitatis, 2 vol. in-fol. — Glossarium infimæ latinitatis, 7 vol. in-4. — Société de Géographie, 96 vol. in-8. — Monumenta Germaniæ historica, 25 vol. in-fol. — Revue archéologique, 54 vol. gr. in-8. — Annales archéologiques, 27 vol. in-4. — Bulletin monumental de Caumont, 19 vol. in-8. — Brunet, 6 vol. gr. in-8, etc., etc.

PARIS

ADOLPHE LABITTE	SAINT JORRE
LIBRAIRE	LIBRAIRE
Rue de Lille, 4	**Rue de Richelieu, 91**

1881

PARIS

TYPOGRAPHIE GEORGES CHAMEROT

19, RUE DES SAINTS-PÈRES, 19

CATALOGUE
DES LIVRES

COMPOSANT LA

BIBLIOTHÈQUE DE FEU M. J** L**

MEMBRE DE L'INSTITUT

ORDRE DES VACATIONS

Première Vacation. — Mercredi 9 février 1881.

Beaux-Arts. . . . . 1 à 166

Deuxième Vacation. — Jeudi 10 février 1881.

Théologie, Jurisprudence, Sciences, Belles-lettres, Histoire. . . . . 226 à 420

Troisième Vacation. — Vendredi 11 février 1881.

Histoire, Noblesse, Archéologie, Biographie, Bibliographie. . . . . 421 à 642

Quatrième Vacation.

Arts Industriels. 167 à 225

LIVRES EN LOTS

CONDITIONS DE LA VENTE

La vente se fait expressément au comptant.

Les acquéreurs paieront cinq pour cent en sus des enchères applicables aux frais.

Il y aura exposition, chaque jour de vente, de 2 à 4 heures, des livres qui seront vendus le soir.

Les réclamations devront être faites dans les vingt-quatre heures de l'adjudication ; passé ce délai ou une fois sortis de la salle de vente, les articles adjugés ne seront repris pour aucune cause.

Les libraires chargés de la vente rempliront les commissions des personnes qui ne pourraient y assister.

Paris. — Typ. G. Chamerot, 19, rue des Saints-Pères. — 10483.

CATALOGUE
DES LIVRES

COMPOSANT LA

BIBLIOTHÈQUE DE FEU M. J** L**

MEMBRE DE L'INSTITUT

DONT LA VENTE AURA LIEU

Du Mercredi 9 *au Samedi* 12 *Février* 1881
à 7 *heures et demie précises du soir*

Rue des Bons-Enfants, 28 (maison Silvestre)

Salle n° 1

Par le ministère de Mᵉ Ch. Pillet, commissaire-priseur,
10, Rue de la Grange Batelière

Gazette des Beaux-Arts, 46 vol. — Seroux d'Agincourt, 6 vol. in-fol. — Du Sommerard. Les Arts au moyen âge, 5 vol. in-8 et 5 vol. in-fol. — Laborde. La Renaissance des arts. — Les Gemmes et Joyaux de la couronne, 2 vol. in-fol.— Collection Sauvageot. — Viollet-le-Duc, Dictionnaire de l'architecture et du mobilier français. — Costumes historiques par Mercuri. — Jules Labarte. Arts industriels. — Le Moyen Age et la Renaissance. — Les Arts somptuaires. — L'Art pour tous. — Le Livre d'heures d'Anne de Bretagne. — L'Œuvre de Jehan Foucquet. — Acherius, Spicilegium, 13 vol. in-4. — Baronius, Annales ecclesiastici, 27 vol. in fol. — Duvergier, collection complète des lois, 77 vol. in-8. — Glossarium infimæ græcitatis, 2 vol. in-fol. — Glossarium infimæ latinitatis, 7 vol. in-4. — Société de Géographie, 96 vol. in-8. — Monumenta Germaniæ historica, 25 vol. in-fol. — Revue archéologique. 54 vol. gr. in-8. — Annales archéologiques, 27 vol. in-4. — Bulletin monumental de Caumont, 19 vol. in-8. — Brunet, 6 vol. gr. in-8, etc., etc.

PARIS

ADOLPHE LABITTE
LIBRAIRE
Rue de Lille, 4

SAINT JORRE
LIBRAIRE
Rue de Richelieu, 91

1881

CATALOGUE

DES LIVRES

COMPOSANT LA

BIBLIOTHÈQUE DE FEU M. J L****

Membre de l'Institut.

PREMIÈRE PARTIE

BEAUX-ARTS ET ARTS INDUSTRIELS

I. GÉNÉRALITÉS.

1. Gazette des Beaux-Arts, courrier européen de l'art et de la curiosité. *Paris*, 1859-78. 44 vol. plus 2 vol. de table, ensemble 46 vol. gr. in-8, fig. et vign. demi-rel. dos et coins de mar. brun, tr. peigne.

2. Revue des Beaux-Arts. *Paris*, 1850-59. 10 vol. in-8, numéros séparés, texte à 2 col. br.

3. Dictionnaire des Beaux-Arts, par A.-L. Millin. *Paris, Desray*, 1806. 3 vol. in-8, demi-rel. chag. violet.

4. Dictionnaire des arts du dessin, la peinture, la sculpture, la gravure et l'architecture, par M. Bou-

tard. *Paris, Le Normant,* 1826. In-8, demi-rel. mar. viol. dos orné, tr. jasp.

5. Dictionnaire de l'Académie des Beaux-Arts. *Paris, Firmin-Didot,* 1858-78. 3 vol. gr. in-8, figures, brochés, plus la première livraison du tome IV.

6. Anecdotes des Beaux-Arts, contenant tout ce que la peinture, la sculpture, la gravure, l'architecture, la littérature, la musique, etc., et la vie des artistes, offrent de plus curieux et de plus piquant, chez tous les peuples du monde, depuis l'origine de ces différents arts jusqu'à nos jours, par M. L*** (Lacombe). *A Paris, chez Jean-François Bastien,* 1776-80. 3 vol. in-16, v. ant.

7. Encyclopédie méthodique (par Diderot et d'Alembert), Beaux-Arts. *Paris, Panckoucke,* 1788. 2 vol. in-4, et 1 vol. gr. in-4 de pl. demi-rel. mar. vert.

8. Allgemeines Künstlerlexicon. *Zurich, Gessner,* 1779. In-fol. demi-rel.

9. Handbuch der Kunstgeschichte, von Dr. Franz Kugler. *Stuttgart,* 1842. In-8, demi-rel. maroq. rouge.

10. Le Cabinet de l'amateur et de l'antiquaire. Revue des tableaux et des estampes anciennes, des objets d'art, d'antiquité et de curiosité. *Paris,* 1842-46. 4 vol. in-8, figures, demi-rel. maroq. brun.

11. Le Cabinet de l'amateur, par M. Eug. Piot, années 1861-62. *Paris, Firmin-Didot,* 1863. In-4, fig. br.

12. Études sur les Beaux-Arts depuis leur origine jusqu'à nos jours, par F.-B. de Mercey. *Paris, A. Bertrand,* 1855. 2 vol. in-8, br.

13. Des Principes de l'architecture, de la sculpture, de la peinture et des autres arts qui en dépendent, avec un dictionnaire des termes propres à chacun de ces arts, par M. Félibien. *Paris, chez la veuve J.-B. Coignard,* 1697. In-4, figures v. ant.

14. Cabinet des singularitez d'architecture, peinture, sculpture et gravure, ou introduction à la connoissance des beaux-arts, figurés sous les tableaux, les statues et les estampes, par Florent le Comte. *A Bruxelles, chez Lambert Marchant,* 1702. 3 vol. in-16, frontisp. v. ant.

15. OEuvres diverses concernant les arts, par M. Falconet. *Paris, Didot fils,* 1787. 3 vol. in-8, demi-rel. bas. tr. jasp.

16. Abecedario de P.-J. Mariette et autres notes inédites de cet amateur sur les arts et les artistes, ouvrage publié d'après les manuscrits autographes conservés au cabinet des estampes de la Bibliothèque impériale, et annoté par MM. Ph. de Chennevières et A. de Montaiglon. *Paris, J.-B. Dumoulin,* 1851-60. 6 vol. in-8, demi-rel. chagr. viol. tr. jasp.

17. Causeries d'un curieux, variétés d'histoire et d'art, tirées d'un cabinet d'autographes et de dessins, par F. Feuillet de Conches. *Paris, H. Plon,* 1872-78, 4 vol. in-8, br.

18. Raccolta artistica. *Firenze, F. Le Monnier,* 1846-70. 15 vol. in-12, nombreux portraits, demi-rel. chagr. bleu. tête dor. éb.

La Vie des peintres, sculpteurs et architectes, par G. Vasari, occupe les tomes II à XIV. Le tome Ier est formé par le Manuel historique de l'art grec.

19. Vies des peintres, sculpteurs et architectes, par Giorgio Vasari, traduites et commentées par

L. Leclanché. *Paris*, *Just Tessier*, 1841-42. 10 v. in-8, portr. demi-rel. mar. vert, tr. jasp.

20. Dictionnaire biographique des artistes français du XIIe au XVIIe siècle, suivi d'une table chronologique et alphabétique, comprenant en 20 classes les arts mentionnés dans l'ouvrage, par A. Bérard. *Paris*, *Dumoulin*, 1872, in-8, br.

21. Carteggio inedito d'artisti dei secoli XIV, XV, XVI, pubblicato ed illustrato con documenti pure inediti dal Dott. Giovanni Gaye. *Firenze, G. Molini*, 1839-40, 3 vol. in-8, br.

22. Histoire de l'art grec avant Périclès, par Beulé. *Paris*, *Didier*, 1868. In-8, demi-rel. mar. bleu.

23. Manuel de l'histoire de l'art chez les anciens, par le comte de Clarac. *Paris, J. Renouard*, 1847-49. 3 vol. in-8, demi-rel. mar. la Val. tr. peigne.

24. Histoire des arts du dessin, depuis l'époque romaine jusqu'à la fin du XVIe siècle, par M. Rigollot, accompagnée d'un atlas composé de 58 planches. *Paris, Ve J. Renouard*, 1863. 2 vol. in-8, pl. demi-rel. veau brun.

L'atlas est relié à la fin du tome II.

25. Chefs-d'œuvre de l'art antique, architecture, peinture, statues, bas-reliefs, bronzes, mosaïques, vases, médailles, camées, bijoux, meubles, etc., tirés principalement du Musée royal de Naples, dessinés et gravés par les principaux artistes italiens. — Première série. Monuments de la vie des anciens, texte par M. Robiou. — Deuxième série. Monuments de la peinture et de la sculpture, texte par M. F. Lenormant. *Paris, A. Lévy*, 1867-68. 7 vol. in-4, nombr. fig. demi-rel. avec coins mar. la Val. tête dor. ébarb.

26. Histoire de l'art par les monuments, depuis sa

décadence au IVe siècle jusqu'à son renouvellement au XVIe, par J.-B.-L.-G. Seroux d'Agincourt, ouvrage enrichi de 325 planches. *Paris, Treuttel et Würtz*, 1823. 3 vol. in-fol. de texte et 3 vol in-fol. de pl. demi-rel. mar. rouge.

27. De l'Art chrétien, par A.-F. Rio, nouvelle édition, entièrement refondue et considérablement augmentée. *Paris, libr. L. Hachette*, 1861-67. 4 vol. in-8, demi-rel. mar. rouge, tête dor. éb.

28. LES ARTS AU MOYEN AGE, en ce qui concerne principalement le palais romain de Paris, l'hôtel de Cluny, issu de ses ruines, et les objets d'art de la collection classée dans cet hôtel, par André du Sommerard. *Paris, hôtel de Cluny*, 1838-46. 5 vol. in-8, de texte et 5 vol. gr. in-fol. de pl. noires et en couleurs, demi-rel. mar. noir.

Ouvrage rare, bel exemplaire.

29. Kunstwerke und Geräthschaften des Mittelalters und der Renaissance, herausgegeben von C. Becker und J. von Hefner. *Frankfurth*, 1852-63. 3 vol. in-4, pl. demi-rel. mar. rouge, tête dor. non r.

Ouvrage orné de 216 planches en couleurs.

30. Handbook of the arts of the middle ages and renaissance as applied to the decoration of furniture, arms, jewels, etc., translated from the french of M. Jules Labarte, with notes, etc., copiously illustrated. *London, J. Murray*, 1855, in-8, fig. cart. toile, n. r.

31. Les Arts à la cour des Papes pendant le XVe et le XVIe siècle. Recueil de documents inédits tirés des archives et des bibliothèque romaines, par Eug. Müntz. *Paris, Ernest Thorin*, 1878-79, 2 vol. in-8, fig. br.

32. La Renaissance des arts à la cour de France, études sur le XVIe siècle, par le comte de Laborde.

Paris, L. Potier, 1850-55. 2 vol. in-8, cart. toile, *non rognés*.

PAPIER VÉLIN FORT. Très-rare.

33. Kunstwerke und Künstler im Erzgebirge und in Franken, von Dr. Waagen. *Leipzig, Brockhaus*, 1839-43. 3 vol. in-12, demi-rel. veau vert.

34. Deutsches Kunstblatt. Zeitschrift für bildende Kunst, Baukunst und Kunsthandwerk, organ der deutschen Kunstvereine, etc., etc. redigirt von Fried. Eggers. Mit Literatur-blatt redigirt von Paul Hense. *Stuttgart*, 1858. In-4, portr. pl. noires et en couleurs, cart. n. r.

35. De l'Art en Allemagne, par Hippolyte Fortoul. *Paris*, *J. Labitte*, 1842. 2 vol. in-8, demi-rel. chagr. rouge.

36. Documenti per storia dell' arte senese, raccolti ed illustrati dal Dott. Gaetano Milanesi. *Siena*, 1854. 3 vol. in-8, br.

37. Monogrammen-Lexikon, enthaltend die bekannten, zweifelhaften unbekannten Zeichen, so wie die Abkurzungen der Namen, der Zeichner, Maler, Formschneider, Kupferstecher, Lithographen, etc., von J. Heller. *Hamberg*, 1831. In-8, cart.

II. MUSÉES, TRÉSORS ET COLLECTIONS.

38. LES GEMMES ET JOYAUX DE LA COURONNE, publiés et expliqués par H. Barbet de Jouy, dessinés et gravés à l'eau-forte, d'après les originaux, par J. Jacquemart. *Paris*, 1865. 2 vol. gr. in-fol. fig. en feuilles dans des cartons.

39. Barbet de Jouy. — Les Mosaïques chrétiennes des basiliques et des églises de Rome, 1 vol. —

Notice des gemmes et joyaux, 1 vol. — Notice des antiquités, objets du moyen âge, de la Renaissance et des temps modernes, composant le Musée des Souverains, 1 vol. *Paris,* 1864-66. Ens. 3 vol. in-8, br. et cart.

40. Musée de peinture et de sculpture, ou recueil des principaux tableaux, statues et bas-reliefs des collections publiques et particulières de l'Europe, dessiné et gravé à l'eau-forte par Reveil, avec des notices descriptives, critiques et historiques, par Duchesne aîné. *Paris, Audot,* 1828-33. 15 vol. in-8, demi-rel. v. fauv. n. rog. le dernier br.

41. Notice des dessins, pastels, miniatures et émaux exposés au musée du Louvre, par Frédéric Reiset. *Paris, Mourgues frères,* 1866. 2 vol. in-8 brochés.

42. Villot (Frédéric). Notice des tableaux exposés dans les galeries du musée national du Louvre. *Paris, Vinchon,* 1849-69. 3 vol. in-8, et 1 vol. in-12 br. Ens. 4 vol.

43. Notice des émaux, bijoux et objets divers exposés dans les galeries du musée du Louvre, par M. de Laborde. *Paris, Vinchon,* 1853. 2 vol. in-8, demi-rel. mar. r. tr. jasp.

44. Notice des objets d'art exposés au musée de Dijon, et catalogue général de tous ceux qui dépendent de cet établissement. *Dijon, V. Lagier,* 1834-42. 2 vol. in-12, demi-rel. v. rouge.

Exemplaire offert à M. Sauvageot par le conservateur de ce musée

45. Viardot (Louis). Les Musées d'Espagne, d'Angleterre, de Belgique, d'Allemagne et de Russie. *Paris, Paulin,* 1843-44. 2 vol. in-12, demi-rel. mar. vert, tr. jasp.

46. Les Trois Musées de Londres, étude statistique et raisonnée, de leurs progrès, de leurs riches-

ses, etc., par H. de Triqueti. *Paris*, 1861. Gr. in-8. — Extrait d'une notice sur les tombeaux des empereurs de Constantinople, par M. Brunet de Presle. *Paris, Didot*, 1856. In-4. — On the churches at Rome earlier than the year 1150, Al. Nesbitto. *London*, 1866. In-4, fig. — Antichità e siti rimarchevoli della città di Monza. *Monza*, 1838. In-4, fig. — Ensemble 4 plaquettes in-4, pl. cart.

47. Catalogue of antiquities, works of art and historical scottish relics exhibed in the museum of the archæological Institute of Great Britain and Ireland. *Edinburgh and London*, 1859. In-8, portr. et fig. cart. toile, n. rog.

48. Catalogue de la galerie de tableaux, impériale et royale au Belvédère à Vienne, par Albert Krafft. *Vienne, chez H.-F. Müller*, 1845. In-8, figures et plan, demi-rel. mar. vert, dos orné, tr. jasp.

49. Galerie de Dresde (Recueil de photographies) en un vol. in-fol. demi-rel. dos et coins de mar. rouge, tête dor. éb. (*A. Bertrand.*)

50. Notice sur le Musée du château de Rosembourg, en Danemark, concluant à la création d'un musée historique de France, par Charles Casati. *Paris, Didier*, 1879, in-8, figures.

51. Trésor de l'église de Conques, dessiné et décrit par Alfred Darcel. *Paris, Vor Dideron*, 1861. In-4 de 76 p. p. fig. demi-rel. mar. r. dos orn. tr. peign.

52. Inventaires des objets d'art qui ornent les églises et les établissements publics de la Flandre occidentale, dressés par des commissions officielles et précédés d'une introduction au Précis de l'histoire de l'art dans cette province, par Alexandre

Couvez. *Bruges*, *Alph. Bogaert*, 1852. Gr. in-8. br.

53. Trésor de l'abbaye de Saint-Maurice d'Agaune, décrit et dessiné par Edouard Aubert. *Paris, veuve A. Morel*, 1872. In-4, figures color. demi-rel. avec coins, mar. gr. tête dor. ébarb.

54. L'Église cathédrale de Sienne et son trésor d'après un inventaire de 1467, traduit et annoté par Jules Labarte. *Paris, Didron*. 1868. In-4. de 31 pages en couleurs, demi-rel. mar. la Vallière, n. rog.

55. Le Gruene Gewoelbe à Dresde, ou Trésor royal d'objets précieux par A.-B. de Landsberg. *Dresde et Leipsic*, 1845. In-8 de 76 pages, demi-rel. mar. vert, tr. jasp.

56. Inventaire des objets d'art et d'antiquité des églises paroissiales de Bruges, dressé par la commission provinciale. *Bruges*, *chez Vandecastelle-Werbrouck*, 1848, gr. in-8 figures, demi-rel. mar. brun, tr. jasp.

57. Früh-Karolingische Kirchengeräthe im Stiffe-Kremsmünster beschrieben von Franz Bock. *Wien*, 1859. In-4 pl. — Der Schatz der Metropolitankirche zu Gran, in Ungarn, von F. Bock. *Wien*, *s. d.* (1857). In-4, pl. — Der Hildesheimer Silberfund, erste Abtheilung, von Friedrich Wieseler. *Bonn*, 1868. in-4, pl. — Die Kleinodien des heil. römisch-deutschen Reiches, von Franz Bock. *Wien*, 1857. 3 part. en un vol. in-4, fig. Ensemble 3 plaq. en 4 vol. in-4, fig. cart.

58. Das heilige Köln. Beschreibung der mittelalterlichen Kunstschätze in seinen Kirchen und Sakristeien, aus dem Bereiche des Goldschmiedegewerkes und der Paramentik, etc., von Franz Bock. *Leipzig*, *Weigel*, 1858. Gr. in-8, pl. en couleurs demi-rel. dos et coins de mar. brun tête dor. éb.

59. Les Trésors sacrés de Cologne, objets d'art du moyen âge conservés dans les églises et dans les sacristies de cette ville, dessinés et décrits par Franz Bock, texte traduit de l'allemand par W. et E. de Suckau. *Paris, A. Morel*, 1862, petit in-4, figures, demi-rel. mar. r. tête dor. ébarb.

60. Le Trésor de la curiosité, tiré des catalogues de vente de tableaux, dessins, estampes, livres, etc., avec diverses notes et notices historiques et biographiques, par M. Charles Blanc. *Paris, veuve Jules Renouard*, 1857. 2 vol. in-8, figures, demi-rel. avec coins mar. vert, tête dor. ébarb.

PAPIER DE HOLLANDE. Envoi d'auteur à M. Pierre Deschamps.

61. Les Collectionneurs de l'ancienne Rome, notes d'un amateur. *Paris, Aug. Aubry*, 1867. In-8, br.

62. La Curiosité, collections françaises et étrangères, cabinets d'amateurs, biographies, par M. L. Clément de Ris. *Paris, veuve Jules Renouard*, 1864. In-12, br.

63. Description des objets d'art qui composent la collection Debruge-Duménil, précédée d'une introduction historique par Jules Labarte. *Paris, Victor Didron*, 1847. In-8, demi-rel. avec coins mar. r. dos orn. fil. tête dor. ébarb. (*Bertrand.*)

64. Catalogue des objets d'art de la collection Debruge-Duménil. *Paris, Bonnefons de Lavialle*, 1849. In-8, avec prix d'adjudication manusc. demi-rel. mar. vert, fil. tr. jasp.

65. Description des antiquités et objets d'art composant le cabinet de M. Louis Fould, par A. Chabouillet. *Paris, J. Claye*, 1861. In-fol. pl. br.

Envoi autographe de l'auteur.

66. Collection Sauvageot, dessinée et gravée à l'eau-forte par Édouard Lièvre, accompagnée d'un

texte historique et descriptif par A. Sauzay. *Paris, Noblet et Baudry*, 1873. 2 vol. in-fol. pl. demi-rel.dos et coins de mar. rouge, tête dor. éb. (*A. Bertrand.*)

67. Galerie de MM. Pereire. Catalogue des tableaux anciens et modernes des diverses écoles. *Paris, Francis Petit*, 1872. Gr. in-8, nombr. figures gravées à l'eau-forte, demi-rel. mar. r. tête dor. n. rog.

III. PEINTURE.

68. Vies et œuvres des peintres les plus célèbres de toutes les écoles : recueil classique contenant l'œuvre complète des peintres du premier rang et leurs portraits ; les principales productions des artistes de 2e et 3e classe ; un abrégé de la vie des peintres grecs et un choix des plus belles peintures antiques, réduit et gravé au trait, d'après les estampes de la Bibliothèque impériale et des plus riches collections particulières. Publié par C.-P. Landon. *Paris, Treuttel et Würtz*, 1813. 2 vol. in-4, figures, demi-rel. mar. r. tr. jasp.

Ces deux volumes contiennent les huit parties de l'œuvre de Raphaël.

69. Histoire de la vie et des ouvrages de Raphaël, par M. Quatremère de Quincy. *Paris, Firmin-Didot*, 1835. In-8, portr. et pl. demi-rel. mar. r. tr. jasp.

70. La Vie des peintres flamands, allemands et hollandais, par J.-B. Descamps. *Paris, chez Charles-Antoine Joubert*, 1753-54. 5 vol. in-8, portraits, demi-rel. v. bleu, tr. marbr.

Le Voyage en Flandre, par le même auteur, forme le 5e volume.

71. Recherches sur la vie et les ouvrages de quelques peintres provinciaux de l'ancienne France,

par Ph. Pointel. *Paris, Dumoulin*, 1847-54. 3 vol. in-8, demi-rel. mar. brun.

72. Le Livre des peintres et graveurs, par Michel de Marolles, abbé de Villeloin, nouvelle édition, revue par M. Georges Duplessis. *A Paris, chez P. Janet*, 1855. In-16, cart. perc. n. r.

73. Histoire de la peinture au moyen âge, suivie de l'Histoire de la gravure, etc., par T.-B. Emeric-David, avec une notice sur l'auteur, par P. L. Jacob. *Paris, Ch. Gosselin*, 1842. In-12, demi-rel. chagr. vert.

74. Histoire de la peinture en Italie depuis la Renaissance des beaux-arts, jusque vers la fin du XVIIIe siècle, par l'abbé Lanzi, traduite de l'italien par Mme Armande Dieudé. *Paris, H. Seguin*, 1824, 5 vol. in-8, demi-rel. v. vert, tr. marbr.

75. Manuel de l'histoire de la peinture. Écoles allemande, flamande et hollandaise, par G.-F. Waagen, traduction par MM. Hymans et J. Petit, avec un grand nombre d'illustrations. *Paris, Ve Morel et Ve J. Renouard*, 1863. 3 vol. in-8, planches demi-rel. chagr. rouge, plats toile, tr. dor.

76. Notizie inedite della sagrestia pistoiese de'belli arredi del Campo Santo Pisano e di altre opere di disegno dal secolo XII al XV, raccolte ed illustrate dal professor Ciampi. *Firenze, Molini*, 1810. In-4, pl. demi-rel. chagr. bleu.

77. L'Ascension de N.-S. Jésus-Christ, du Pérugin, d'après le tableau original du Musée de Lyon, texte, par Achille Jubinal. *Paris, Rapilly*, 1855, in-fol. en feuilles.

78. Peintures de l'église de Saint-Savin, texte par P. Mérimée, dessins par M. Gérard-Séguin. *Paris, Imprimerie royale*, 1845. In-fol. avec atlas br.

79. Catalogue de vingt-trois tableaux des écoles flamande et hollandaise, provenant de la célèbre galerie San Donato (à Florence). *Paris, Francis Petit*, 1868. In-8, fig. à l'eau-forte, avec les prix manuscrit d'adjudication, cart.

80. Catalogue des tableaux anciens de l'école hollandaise, par A. Cuyp, Dusart, Fyt, etc., formant l'importante collection de M. M. K..... *Paris, E. Féral*, 1879. Gr. in-8, figures à l'eau-forte, br.

81. Histoire de l'ornementation des manuscrits, par M. Ferdinand Denis. *Paris, L. Curmer*, 1857. Gr. in-8, fig. demi-rel. mar. noir, tête dor. ébarb.

82. Alexandre Pinchart. — Miniaturistes, enlumineurs et calligraphes employés par Philippe le Bon et Charles le Téméraire, et leurs œuvres. — Notice sur deux tapisseries de haute lisse du XVIe siècle, conservées au Musée royal d'antiquités, à Bruxelles. — Roger van der Weyden et les tapisseries de Berne. *Bruxelles, Bolswittouck*, 1864-65. Ens. 3 ouvrages réunis en 1 vol. in-8, cart.

83. Album des miniatures de la bibliothèque de Cambrai, 18 planches au trait, fac-similé dessinés et lithographiés, par A. Duriqux. *Cambrai, Simon, s. d.* In-fol. demi-rel. mar. la Val. tr. jasp.

84. Les Manuscrits à miniatures de la bibliothèque de Laon, étudiés au point de vue de leur illustration, par Edouard Fleury. *Laon, impr. de Ed. Fleury*, 1863. In-4, figures, demi-rel. mar. brun, tête dor. ébarb.

Première partie, qui comprend les VIIe, VIIIe, IXe, Xe, XIe et XIIe siècles.

85. Observations on four illuminations representing the courts of Chancery, King's Bench, common Pleas, from a Ms. of the time of king

Henry VI, by G. R. Corner. *Westminster*, 1865, in-4, pl. en couleurs, br.

86. Essai sur la peinture en mosaïque, par M. le V*** (le Viel). — Dissertation sur la pierre spéculaire des Anciens, par le même. *A Paris, chez Vente*, 1768. 2 ouvrages en 1 vol. in-12, mar. vert, fil. tr. dor. (*Rel. anc.*)

87. Josephi Alexandri Furieti de Musivis, ad SS. Patrem Benedictum XIV. *Romæ, M. Salvioni*, 1752. In-4, pl. veau marbré.

88. Vetera monimenta in quibus præcipue musica opera sacrarum profanarumque ædium structura, ac nonnulli antiqui ritus, dissertationibus iconibusque illustrantur, J. Ciampini. *Romæ*, 1790-99. 2 part. en 3 vol. in-4, front. et pl. vélin.

89. Compendio istorico dell' arte di comporre musajci con la descrizione de' musajci antichi che trovansi nelle basiliche di Ravenna, e con due brevi ragionamenti, l'uno su la ravennate Pigneta, l'altro su la repubblica delle api, dal Cam. Spreti. *Ravenna*, 1804. In-4, demi-rel. mar. vert, tr. peign.

90. Storia delle pitture in majolica fatte in Pesaro e ne' luoghi circonvicini descritta da Giambatista Passeri. *Pesaro*, 1838. In-8. — Histoire des peintures sur majoliques, faites à Pesaro et dans les lieux circonvoisins, décrite par G. Passeri. *Paris*, 1853. — Memorie istoriche delle maioliche lavorate, in cartel Durante o sia urbania, per G. Raffaelli. *Fermo*, 1846. In-8. — Di un' insigne raccolta di maioliche dipinte delle fabbriche di Pesaro, descritta ed illustrata da Luigi Fratri. *Bologna*, 1844. In-8, pl. ensemble 4 brochures en un vol. in-8, pl. demi-rel. chagr. violet.

91. L'Art de l'émail, leçon faite à l'Union centrale des beaux-arts, par Claudius Popelin. *Paris, Oct. Dupuis*, 1868. Gr. in-8. fig. br.

92. L'Émail des peintres, par Claudius Popelin. *Paris, A. Lévy*, 1876. in-8, fig. cart. n. r.

93. Recherches sur l'histoire de la peinture sur émail dans les temps anciens et modernes et spécialement en France, par L. Durrieux. *Paris, Leleux*, 1841. In-8, demi-rel. chagr. grenat.

94. Recherches sur la peinture en émail dans l'antiquité et au moyen âge, par J. Labarte. *Paris, V. Didron*, 1856. In-4, pl. en couleurs, br.

95. Recherches sur la peinture en émail dans l'antiquité et au moyen âge, par Jules Labarte. *Paris, V. Didron*, 1856. In-fol. mar. rouge, dos orné, fil. tr. dor.

Huit planches lithographiées en or et en couleurs.

96. Les Émaux cloisonnés anciens et modernes, par Philippe Burty. *Paris, chez Martz, s. d.* In-12, de 70 pages, figures en couleurs. br.

Deux planches, peintes et lithographiées en couleurs, par Régamey.

97. Recherches sur l'histoire et le symbolisme de quelques émaux du trésor de la cathédrale de Troyes, par M. Le Brun-Dalbanne. *Troyes, Dufour-Bouquot*, 1862. In-4, figures, cart.

98. Recherches sur l'histoire et le symbolisme de quelques émaux du trésor de la cathédrale de Troyes, par Le Brun-Dalbanne. *Troyes*, 1862. In-4, fig. cart. — Notice historique sur les émaux, les émailleurs, leurs divers ouvrages et les procédés de fabrication en usage à Limoges (par les frères Ardant). *S. l. n. d.* In-8. — Emailleurs limousins. Les Pénicaud, Léonard Limosin, les Courteys, les Vitalis, liste chronologique des émailleurs, les Guibert, les

Vergnaud (par M. Ardant). 4 broch. en un vol. cart. — Emailleurs limousins, par M. Ardant: les Reynouard, les Limosin, les Poncet, les Couly Noylier. 4 broch. — Les Emaux d'Allemagne et les Emaux limousins, par le baron de Quast de Verneilh. *Paris,* 1860. In-8. — On certain ancient enamels, by A. W. Franks. In-8, fig. — Emails aus dem Schatze des St Stephans-Domes in Wien, von G. Heider, illustrirt von A. Camesina. *Wien,* 1859. In-4, pl. en couleurs, ensemble 6 vol. in-4 et 81 pl. br. et cart.

99. Les Douze Apôtres, émaux de Léonard Limosin, conservés à Chartres dans l'église Saint-Pierre, gravures par M. Alleaume, texte par Georges Duplessis. *Paris, A. Lévy,* 1865. In-fol.

Exemplaire en feuilles dans un carton.

100. Essai historique et descriptif sur la peinture sur verre ancienne et moderne et sur les vitraux les plus remarquables de quelques monuments français et étrangers; suivi de la biographie des plus célèbres peintres-verriers, par E.-H. Langlois. *Rouen, Edouard frères,* 1832. — Considérations historiques et critiques sur les vitraux anciens et modernes et sur la peinture sur verre, par Emile Thibaud. *Paris, Cousin et Imbert,* 1842. Ens. 2 ouvrages en 1 vol. in-8, figures, demi-rel. mar. vert, tr. jasp.

101. Quelques Mots sur la théorie de la peinture sur verre, par Ferdinand de Lasteyrie. *Paris, librairie archéologique de V. Didron,* 1852. In-12, demi-rel. mar. r. dos orn. tr. jasp.

102. Histoire de la peinture sur verre en Limousin, par l'abbé Texier. *Paris, V. Didron,* 1847. — Peinture sur verre au XIXe siècle. — Les Secrets de cet art sont-ils retrouvés? — Quelques réflexions sur ce sujet adressées aux savants et aux

artistes, par G. Bontemps. *Paris, imprimerie Ducessois,* 1845. — Notice historique sur les émaux, les émailleurs, leurs divers ouvrages et les procédés de fabrication en usage à Limoges, par M. Maurice Ardant. *Limoges, Chapoulaud fr.*, 1842. — Origines de la porcelaine d'Europe, par M. A. Pottier. *Rouen,* 1847. — Revue des Architectes de la cathédrale de Rouen jusqu'à la fin du xvie siècle, par A. Deville. *Rouen,* 1848. — La Bibliothèque de Charles d'Orléans à son château de Blois en 1427, publiée pour la première fois d'après l'inventaire original, par Le Roux de Lincy. *Paris, Firmin-Didot fr.*, 1843, etc., etc. Ens. 10 ouvrages réunis en 1 vol. in-8, demi-rel. chagr. brun, tr. jasp.

103. Traité historique de la peinture sur verre et description de vitraux anciens et modernes pour servir à l'histoire de l'art en France, par Alex. Lenoir, édition ornée de 66 planches gravées, et augmentées d'un supplément et de deux tables. *Paris, J.-B. Dumoulin,* 1856. In-8, fig. cart. n. r.

104. Histoire de la peinture sur verre en Europe, et particulièrement en Belgique, par Edmond Lévy, avec planches, par J.-B. Capronnier. *Bruxelles, Tircher*, 1860. In-4, planches en couleurs, demi-rel. mar. vert, tête dor. ébarb.

105. Vitraux peints de Saint-Étienne de Bourges. — Recherches détachées d'une monographie de cette cathédrale, par M. Arthur Martin et Charles Chalner. *Paris, Poussielgue-Rusand.* 1844. Gr. in-fol. cart.

IV. SCULPTURE, CISELURE.

106. Histoire de la sculpture antique, par T.-B. Emeric-David, précédée d'une notice sur la vie

et les ouvrages de l'auteur, par le baron de Walckenaer. *Paris, Charpentier,* 1853. In-12, demi-rel. chagr. vert.

107. Les Frises du Parthénon, par Phidias. Vingt-deux planches reproduites par le procédé de phototypie, par G. Aroza. *Paris, A. Morel,* 1868. In-fol.

Exemplaire en feuilles dans un carton.

108. Recherches sur les figures de femmes voilées dans l'art grec, avec trois planches gravées, par Léon Heuzey. *Paris, Chamerot,* 1873, in-4, br.

109. Italian sculpture of the middle age and periode of the revival of art. A descriptive catalogue of the works forming the above section of the Museum with additional illustrative notices by J. C. Robinson. *London, Chapman and Hall,* 1862. In-8, fig. cart. toile.

110. Storia della scultura dal suo risorgimento in Italia sino al secolo di Napoleone, per servire di continuazione alle opere di Winckelmann e di d'Agincourt. *In Venezia, tipografia Picotti,* 1813-18. 3 vol. in-fol. fig. cart. non rognés.

Bel exemplaire.

111. Description historique et chronologique des monuments de sculpture réunis au musée des monuments français, par Alexandre Lenoir. *Paris, chez l'auteur,* 1806. In-8, v. vert, écaille, fil. tr. dor.

112. Étude sur Jean Cousin, suivie de notices sur Jean Leclerc et Pierre Woeiriot, par M. Ambroise Firmin-Didot. *Paris, typographie de Ambroise Firmin-Didot,* 1872. Gr. in-8, portraits, br.

Envoi autographe de l'auteur à M. Labarte.

113. Thordvalsen, sa vie et son œuvre, par Eug. Plon. *Paris, H. Plon,* 1867. Gr. in-8, fig. demi-rel. dos et coins de mar. brun, tête dor. n. r.

114. Le Sculpteur danois Vilhelm Bissen, par Eug. Plon. *Paris, H. Plon*, 1870. In-12, portr. et fig. demi-rel. dos et coins de mar. brun, tête dor. ébarb.

PAPIER VÉLIN FORT. Envoi autographe de l'auteur.

115. Notices of sculpture in ivory, consisting of a lecture on the history, methods, and chief productions of the art, etc., by M. Digby Wyatt, with nine photographic illustrations by J. A. Spencer. *London*, 1856. In-4, pl. cart. n. r.

116. Orfèvrerie mérovingienne. — Les OEuvres de saint Eloi et la verroterie cloisonnée, par Charles de Linas. *Paris, Didron*, 1864. Gr. in-8, figures en couleurs demi-rel. avec coins mar. la Vall. tête dor. ébarb.

Tiré à 100 exemplaires.

117. Notice sur le coffret d'argent exécuté, par Franz de Sickingen, par A. Chabouillet. *Paris*, 1861. In-8, fig. — Antique jewelry and its revival (par A. Castellane). *S. l. n. d.* In-8. — Catalogue of the ivories in the museum of Joseph Mayer, preceded by an Essay on antique ivories by Fr. Pulszky. *Liverpool*, 1856. In-8, fig. — Recherches sur l'histoire et le symbolisme de quelques émaux du trésor de la cathédrale de Troyes, par M. Le Brun d'Albanne. *Troyes*, 1862. In-4, fig. cart. ensemble 4 plaq. in-4 et in-8, fig. cart.

118. Dictionnaire d'orfèvrerie, de gravure et de ciselure chrétienne, ou de la Mise en œuvre artistique des métaux, des émaux et des pierreries, par M. l'abbé Texier, publié par M. l'abbé Migne. *Paris*, 1857. Gr. in-8, demi-rel. mar. brun.

119. Vita di Benvenuto Cellini scritta da lui medesimo. *Firenze*, 1830. In-16, demi-rel. mar. vert, tr. jasp.

120. Vie de Benvenuto Cellini, orfèvre et sculpteur florentin, écrite par lui-même, et traduite par D.-D. Farjasse. *Paris, Audot fils*, 1833. 2 vol. in-8, portrait, demi-rel. v. br. tr. marbr.

121. Studien über Benvenuto Cellini, von Joseph Arneth. *Wien*, 1859. In-4, pl. demi-rel. dos et coins de mar. rouge, tête dor. éb.

Dix planches en couleurs.

122. Due Trattati di Benvenuto Cellini, scultore fiorentino, uno dell' orificeria, l'altro della scultura. *Milano, dalla Società tipografica de' Classici italiani*, 1811. In-8, demi-rel. chagr. r. dos orn. tr. jasp.

V. ARCHITECTURE.

123. Dictionnaire raisonné de l'architecture française du xie au xvie siècle, par M. Viollet-le-Duc. *Paris, B. Bance*, 1854-68. 10 vol. in-8, portr. et fig. demi-rel. dos et coins de mar. brun, tête dor. n. r. (*Bertrand*.)

124. Dictionnaire raisonné du mobilier français, de l'époque carlovingienne à la Renaissance, par M. Viollet-le-Duc. *Paris, Ve A. Morel*, 1872-75. 6 vol. in-8, fig. noires et en couleurs, demi-rel. dos et coins de mar. vert, tête dor. éb.

125. Dictionnaire iconographique des monuments de l'antiquité chrétienne et du moyen âge, depuis le Bas-Empire jusqu'à la fin du xvie siècle, par L.-J. Guenebault. *Paris, Leleux*, 1843-45. 2 vol. in-8, texte à 2 col. br.

126. Histoire de l'art monumental, dans l'antiquité, suivie d'un traité sur la peinture sur verre, par L. Batissier, deuxième édition entièrement re-

fondue. *Paris*, *Furne*, 1860. Gr. in-8, fig. noires et col. demi-rel. mar. rouge, tr. peigne.

127. L'Architecture byzantine, ou Recueil des monuments des premiers temps du christianisme en Orient, précédé de recherches historiques et archéologiques, par Ch. Texier et R. Popplewelle Pullan. *Londres*, *Day et fils*, 1864. In-fol. pl. noires et en couleurs, cart. toile, tr. dor.

128. Alt-Christliche Baudenkmale von Constantinople, vom V bis XII Jahrhundert, von Salzenberg, und von Dr C. W. Kartum. *Berlin*, 1854. Gr. in-fol. pl. noires et en couleurs, cart. n. r.

129. Le Palais impérial de Constantinople et ses abords, Sainte-Sophie, le Forum Augustéon et l'Hippodrome tels qu'ils existaient au xe siècle, par Jules Labarte. *Paris*, *Victor Didron*, 1861. In-4, portr. de l'auteur, mar. r. dos orné, comp. et fil. sur les plats, dent. int. tr. dor. (*Gaillard*.)

130. Syrie centrale. Architecture civile et religieuse du Ier au XVIe siècle, par le comte de Vogüé. *Paris*, *J. Baudry*, 1865-1877. 2 vol. in-4, pl. dans des cartons.

Envoi d'auteur.

131. Dictionnaire de l'architecture du moyen âge, contenant tous les termes techniques pour faire ou comprendre les descriptions des monuments, avec des explications détaillées et de nombreux renseignements archéologiques, par Adolphe Berty. *Paris*, *A. Derache*, 1845. In-8, figures, demi-rel. mar. vert, tr. jasp.

132. Notices sur l'hôtel de Cluny et sur le palais des Thermes, avec des notes sur la culture des arts, principalement dans les XVe et XVIe siècles

(par du Sommerard). *Paris, chez Ducollet*, 1834. In-8, br.

Envoi d'auteur signé.

133. Manuel d'architecture religieuse au moyen âge, par M. J.-F.-A. Peyré. *Paris, V. Didron*, 1848. In-12, demi-rel. chagr. vert.

134. Moyen âge pittoresque, monuments d'architecture, meubles et décors du xe au xviie siècle, vues dessinées d'après nature par Chapuy, avec un texte archéologique, descriptif et historique par M. Moret. *Paris, chez Veilh et Hauser*, 1837-40. 5 vol. in-fol. nombr. fig. demi-rel. bas. r.

135. Les Églises de la Terre sainte, par le comte Melchior de Vogüé. *Paris, V. Didron*, 1860. In-4, pl. demi-rel. dos et coins de mar. vert, tête dor. éb. (*H. Gaillard.*)

136. Karl's des Grossen Psalzkapelle und ihre Kunstschätze. Kunstgeschichtliche Beschreibung des Karolingischen Octogonous zu Aachen, der späteren gothischen Anbauten und sämmtlicher im Schatze daselbst befindlichen Kunstwerke des Mitelalters, von Fr. Bock. *Aachen*, 1866. In-4, fig. demi-rel. mar. vert.

137. Le Latran au moyen âge, par G. Rohault de Fleury. *Paris, veuve A. Morel*, 1877. Gr. in-8, br. et atlas in-fol.

Ouvrage en livraisons, dans un carton.

138. Monumenti sacri e profani dell' imperiale e reale basilica di Sant' Ambrogio, in Milano, rappresentati et descritti dal dottore Giulio Ferrario. *Milano, dalla tipografia dell' autore*, 1824. In-fol. pl. cart. non rogné.

139. Description de la façade de la cathédrale de Milan; quatrième édition. *Milan*, 1847. — Le

Trésor de la cathédrale de Troyes, par M. Le Brun d'Albane. *Paris*, 1864. In-8, fig. — Le Trésor de Notre-Dame de Chartres, par Aug. Santeuil. *Chartres*, 1841. In-8, fig. — La Cathédrale d'Aoste, par Ferd. de Lasteyrie. *Paris*, 1854. Ensemble 4 vol. in-8, cart.

140. Historie della basilica di Santo Pietro, della capella Regia, raccolte. *Palermo*, 1840. In-4, pl. demi-rel. mar. vert.

141. Histoire et caractères de l'architecture en France, depuis l'époque druidique jusqu'à nos jours, par Léon Chateau. *Paris*, *A. Morel*, 1864. In-8, figures, br.

142. Monographie de l'église royale de Saint-Denis, tombeaux et figures historiques, par le baron de Guilhermy, dessins par Ch. Fichot. *Paris*, *Victor Didron*, 1848. In-12, figures, demi-rel. mar. r. dos orn. tr. jasp.

Envoi autographe de l'auteur à M. J. Labarte.

143. Monographie de l'église Notre-Dame de Noyon. Plans, coupes, élévations et détails, par Daniel Ramée, texte par Vitet, atlas in-fol.

144. Monuments et vues de Bruges, dessinés par F. Struobant, accompagnés d'une description historique. *Bruges*, *J. Buffa, s. d.* Petit in-4, figures, demi-rel. bas. r. ébarb.

145. Les Grands Architectes français de la Renaissance, P. Lescot, Ph. de Lorme, J. Goujon, etc., d'après de nombreux documents inédits des bibliothèques et des archives, par Alphonse Berty. *Paris*, *chez Auguste Aubry*, 1860. In-12, demi-rel. mar. r. tr. jasp.

146. Lettres adressées d'Allemagne à M. Adolphe Lance, architecte, par M. Viollet-le-Duc. *Paris*, *P. Bance*, 1856. — Réponse à M. Vitet à propos de l'enseignement des arts du dessin, par Viollet-le-Duc. *Paris, A. Morel*, 1864. — Intervention de l'Etat dans l'enseignement des beaux-arts, par E. Viollet-le-Duc. *Paris, Morel,* 1864. Ens. 3 ouvrages. In-8, br. et rel.

147. Inventaire du mobilier de Charles V, roi de France, publié par Jules Labarte. *Paris, Imprimerie nationale,* 1879. In-4, fig. color. demi-rel. avec coins, mar. gren. tête dor. éb.

148. Inventaire des meubles de Catherine de Médicis en 1589. Mobilier, tableaux, objets d'art, manuscrits, par Edmond Bonnaffé. *Paris, Aug. Aubry*, 1874. In-8, portr. demi-rel. mar. vert, tête dor. éb.

149. Architecture, décoration et ameublement de l'époque Louis XVI, dessinés et gravés d'après les motifs choisis dans les palais impériaux, le mobilier de la Couronne, les monuments publics et les habitations privées, avec texte descriptif, par Rodolphe Pfnor. *Paris, A. Morel,* 1865, in-fol. nombr. pl. renfermées dans un carton.

VI. GRAVURES. — LIVRES A FIGURES.

150. Gemmæ et sculpturæ antiquæ depictæ ab Leonardo Augustino Senensi, addita earum enarratione in latinum versa ab Jacobo Gronovio. *Franegueræ, L. Strik,* 1694. 2 part. en 1 vol. pet. in-4, front. et pl. veau ant.

Ouvrage orné de 265 planches. Bel exemplaire.

151. Dissertation sur l'abandon de la glyptique en Occident au moyen âge et sur l'époque de la renaissance de cet art, par Jules Labarte. *Paris, veuve A. Morel,* 1871. In-4, fig. demi-rel. chagr. rouge.

152. Essai sur les vieilles gravures des orfèvres florentins du xve siècle, par Duchesne aîné. *Paris, Merlin,* 1826. In-8, fig. demi-rel. avec coins, mar. vert, tête dor. non rog.

153. Voyage d'un iconophile. Revue des principaux cabinets d'estampes, bibliothèques et musées d'Allemagne, de Hollande et d'Angleterre, par Duchesne aîné. *Paris, Heideloff et Campé*, 1834. In-8, br.

Envoi d'auteur signé.

154. Albrecht Dürer's Kupferstiche, Radirungen, Holzschnitte und Zeichnungen, unter besonderer Berücksichtigung der dazu verwandten Papiere und deren Wasserzeichen, von O.-B. Hausmann. *Hannover,* 1861. In-4, fil. demi-rel. chagr. brun.

155. Portraits des personnages français les plus illustres du xvie siècle, reproduits en fac-similés sur les dessins originaux, dessinés aux crayons de couleurs par divers artistes contemporains, recueillis, publiés avec notices, par P.-G.-J. Niel. *Paris, M.-A. Lenoir*, 1848. 2 vol. gr. in-fol. portr. demi-rel. mar. r. tête dor. éb.

156. Recueil de portraits d'hommes illustres. *Paris, Ménard et Desenne, s. d.* In-8, demi-rel. mar. vert, tr. jasp.

Sous ce titre manuscrit, recueil d'environ 100 portraits d'hommes et de femmes illustres. En belles épreuves.

157. Costumes historiques des xiie, xiiie, xive et xve siècles, tirés des monuments les plus authentiques de peinture et de sculpture, dessinés et gravés par Paul Mercuri, avec un texte historique et descriptif, par Camille Bonnard, nouvelle édition soigneusement revisée avec une introduction par M. Ch. Blanc. *Paris, A. Lévy*, 1860-61.

3 vol. in-4, fig. col. demi-rel. dos et coins de mar. brun, tête dor. éb.

158. COSTUMES historiques des XVIe, XVIIe et XVIIIe siècles, dessinés par E. Lechevalier-Chevignard, gravés par A. Didier, L. Flameng, F. Laguillermie, etc., avec un texte historique et descriptif, par Georges Duplessis. *Paris, A. Lévy*, 1877. 2 vol. in-4, fil. cart. demi-rel. dos et coins de mar. brun, tête dor. éb.

159. Ragionamenti di Luca Contile, sopra la proprietà delle imprese con le particolari degli academici affidati et con le interpretationi et croniche alla Sac. Cat. M. del re Philippo. *In Pavia, anno* 1574. In-4, fig. demi-rel. bas. bleue.

160. Illustrations of Smollett, Fielding and Goldsmith, in a series of forty one plates designed and engraved by George Cruikshank, accompanied by descriptive extracts. *London, Th. Tilt*, 1832. In-12, fig. demi-rel. mar. r. tr. dor.

Curieuses figures.

161. The Talisman, or bouquet of literature and the fine arte. *London and Paris*, 1831. In-8, front. et fig. rel. en moire bleue, tr. dor.

Nombreuses figures sur acier.

162. Keepsake français, ou Souvenir de littérature contemporaine, orné de 18 gravures anglaises. *Paris, V. Morlot*, 1832. In-8, front. et fig. rel. en moire rouge, tr. dor.

Nombreuses figures de Johannot, Roqueplan, Decaisne, Descamps, etc.

163. The Keepsake for 1833, edited by Frederic Mansel Reynolds. *London*, 1833. In-8, front. et fig. rel. en moire rouge, tr. dor.

Nombreuses figures.

164. Le Magasin pittoresque. *Paris*, 1830-79. 48 vol. gr. in-8, fig. texte à 2 col. cart. perc. éb.

VII. MUSIQUE.

165. Alphonse Royer. — Histoire de l'Opéra, avec douze eaux-fortes. *Paris, Bachelin-Deflorenne*, 1875. In-8, figures, demi-rel. avec coins mar. vert, tête dor. ébarb. (*Bertrand.*)

166. Les Étoiles du chant, par Guy de Charnacé, première livraison. Adelina Patti. *Paris, H. Plon*, 1868. In-8, portr. cart.

Très-beau portrait gravé par Marre; on y a ajouté une curieuse lettre autographe signée d'Adelina Patti relative à la gravure de ce portrait.

ARTS INDUSTRIELS

GÉNÉRALITÉS, EXPOSITION, TISSUS POTERIES, VERRERIES, HORLOGERIE, ÉBÉNISTERIE TAPISSERIE; DENTELLE

167. De l'Union des arts et de l'industrie, par M. le comte de Laborde. *Paris, Imprimerie impériale*, 1856. 2 vol. gr. in-8, demi-rel. mar. brun, tr. peigne.

Tiré sur ce format à 100 exemplaires numérotés. N° 80.

168. Histoire des arts industriels au moyen âge et à l'époque de la Renaissance, par Jules Labarte. *Paris, A. Morel*, 1864-66. 4 vol. de texte et 2 vol. d'album; ensemble 6 vol. in-4, portr. et

figures, mar. r. dos orné, comp. et fil. sur les plats, dent. int. tr. dor. (*Gaillard.*)

169. Histoire des arts industriels au moyen âge et à l'époque de la Renaissance, par M. Jules Labarte. *Paris*, *Vᵉ A. Morel*, 1872-75. 3 vol. in-4, fig. demi-rel. mar. la Val. tête dor. ébarb.

170. Les Arts industriels du moyen âge et de la Renaissance, par A. Darcel. *Paris*, 1858. In-8. — Etudes sur la statistique industrielle et agricole au moyen âge et sur des usages de la vie privée, par J. Desnoyers. *Paris*, *Impr. nationale*, 1873. In-8, br. — L'Exposition d'art et d'archéologie de Rouen, par A. Darcel. *Rouen*, 1861. In-8. — Notes d'un compilateur sur les sculpteurs et les sculptures en ivoire (par le marquis de Chennevières). *S. d.* In-8. Ensemble, 4 plaq. in-8, cart. et br.

171. Le Moyen Age et la Renaissance, histoire et description des mœurs et usages, du commerce et de l'industrie, des sciences, des arts, des littératures et des beaux-arts en Europe, par MM. P. Lacroix et Ferd. Seré, dessins fac-similé, par A. Rivaud. *Paris*, *Administration*, 5, *rue du Pont-de-Lodi*, 1848-51. 5 vol. in-4, fig. noires et en couleurs, demi-rel. mar. vert, plats toile, tête dor. éb.

Exemplaire de choix, avec la liste des souscripteurs imprimée en or.

172. Les Arts somptuaires, histoire du costume et de l'ameublement, et des arts et industries qui s'y rattachent, sous la direction de Hangard-Maugé, dessins de Claudius Ciappori. Introduction générale et texte explicatif, par Ch. Louandre. *Paris*, *Hangard-Maugé*, 1857. 2 tomes en un vol. in-4 de texte, et 2 vol. in-4 de planches en couleurs, demi-rel. mar. rouge, tête dor. n. r.

173. Théophile, prêtre et moine, essai sur divers arts, publié par le comte Charles de l'Escalopier, et précédé d'une introduction, par J.-M. Guichard. *Paris*, *J.-A. Toulouse*, 1843. In-4, demi-rel. mar. vert.

174. An Essay upon various arts, in three books, by Theophilus Callet also Rugerus, priest and monk, forming an encyclopædia of christian art of the eleventh century, translated with notes by Robert Hendrie. *London*, *J. Murray*, 1843. In-8, cart. toile, n. r.

175. Essai sur l'art industriel, comprenant l'étude des produits les plus célèbres de l'industrie à toutes les époques, par M. Ch. Laboulaye. *Paris*, 1856. Gr. in-8, fig. demi-rel. mar. vert.

176. Chefs-d'œuvre des arts industriels, par Ph. Burty, deux cents gravures sur bois. *Paris*, *Ducrocq*, *s. d.* Gr. in-8, fig. demi-rel. dos et coins de mar. brun, tête dor. éb.

177. Excursion artististique en Allemagne, par Alfred Darcel. *Rouen et Paris*, 1862. In-8, — Les Arts industriels du moyen âge en Allemagne, par M. Alfred Darcel. *Paris, Impr. impériale,* 1863. In-8, fig. ensemble 2 tom. en un vol. demi-rel. mar. brun.

178. L'Art pour tous, encyclopédie de l'art industriel et décoratif, par M. Em. Reiber. *Paris, Ve A. Morel,* 1861-78. 16 vol. in-fol. demi-cart. perc.

Manque l'année 1876.

179. Collection Basilewski. — Catalogue raisonné précédé d'un essai sur les arts industriels du Ier au XVIe siècle, par A. Darcel et A. Basilewski. *Paris, Ve A. Morel,* 1874. In-4, fig. noires et en couleurs, demi-rel. avec coins, mar. gren. tête dor. ébarb.

Envoi autographe de M. Basilewski à M. Jules Labarte.

180. Histoire sommaire de l'Union centrale des beaux-arts appliqués à l'industrie, suivie des rapports du jury de l'Exposition de 1865. *Paris, Union centrale,* 1866. Gr. in-8, br.

181. Exposition de 1865. Musée rétrospectif. *Paris, J. Lemerre,* 1867. 2 part. en un vol. gr. in-8, demi-rel. dos et coins de mar. brun, tête dor. éb.

182. L'Histoire du travail à l'Exposition universelle de 1867, par Charles de Linas. *Paris, Didron,* 1868. Gr. in-8, figures, demi-rel. mar. la Vall. tr. jasp.

183. L'Art industriel à l'Exposition universelle de 1867, par Auguste Luchet. *Paris, Librairie nationale,* 1868. Gr. in-8, br.

184. Exposition universelle de 1867 à Paris. — Rapports du Jury international, publié sous la direction de M. Michel Chevalier, membre de la commission. *Paris, impr. Paul Dupont,* 1868. 13 vol. in-8, br.

185. Exposition universelle de Vienne en 1873. France, commission supérieure. Rapports. *Paris, Impr. nationale,* 1875. 5 vol. gr. in-8, cart. toile.

186. Les Monuments historiques de France à l'Exposition universelle de Vienne, par M. E. du Sommerard. *Paris, Imprimerie nationale,* 1876. Gr. in-8, carte, br.

187. Exposition internationale et universelle de Philadelphie. France, commission supérieure. Rapports. *Paris, Imprimerie nationale,* 1877. Gr. in-8, cart. toile.

188. Recherches sur le commerce, la fabrication et l'usage des étoffes de soie, d'or et d'argent et autres tissus précieux en Occident, principalement en France pendant le moyen âge par Francisque

Michel. *Paris, imprimerie de Crapelet*, 1852-54. 2 vol. in-4, demi-rel. avec coins, mar. r. fil. tr. jasp.

189. Anciens Vêtements sacerdotaux et anciens tissus conservés en France, par Charles de Linas. *Paris, Didron*, 1860. 3 tomes en un vol. in-4, planches noires et en couleurs, demi-rel. dos et coins de mar. brun, tête dor. éb.

Tiré à 100 exemplaires.

190. Les Vieux Arts du feu, par Claudius Popelin. *Paris, Alphonse Lemerre*, 1878. Petit in-4, figures, texte encadré d'un fil. r. br.

191. Bernard Palissy, étude sur sa vie et sur ses œuvres, par Ferdinand de Lasteyrie. *Paris, impr. Pillet*, 1865. Gr. in-8, cart.

Extrait de la *Revue des Beaux-Arts*.

192. Œuvres de Bernard Palissy, revues sur les exemplaires de la Bibliothèque du Roi, avec des notes par M. Faujas de Saint-Fond, et des additions par M. Gobet. *Paris, Ruault*, 1777. In-4, v. ant. tr. jasp.

Très-bel exemplaire de cette édition qui contient de plus que les autres le traité intitulé : *Déclaration des abus et ignorance des médecins*.

193. Les Terres émaillées de Bernard Palissy, inventeur de rustiques figulines. Étude sur les travaux du maître et de ses continuateurs, suivie du catalogue de leur œuvre, par A. Tainturier. *Paris, V. Didron*, 1863. In-8, portr. et fig. demi-rel. dos et coins de mar. rouge, tête dor. éb.

194. Les Della Robbia, sculpteurs en terre émaillée. — Étude sur leurs travaux, suivie d'un catalogue de leur œuvre fait en Italie en 1853, par Henry Barbet de Jouy. *Paris, Jules Renouard*, 1855. In-12 de 98 pp. — Notice biographique sur Girolamo della Robbia et sur sa famille par H. Delange. *Paris, Mauldé et Renou*, 1847. In-12 de

15 pp. — Étude sur Bernard Palissy, sa vie et ses travaux, précédée de quelques recherches sur l'art céramique par Jules Salles. *Paris, Grassart*, 1856. — André Boulle, ébéniste de Louis XIV, par Charles Asselineau, seconde édition. *Alençon, A. Poulet-Malassis et De Broise*, 1855. In-12 de 16 pp. Ens. 4 ouvrages réunis en 1 vol. in-12, demi-rel. mar. r. dos orn. n. rog.

Envoi autographe signé de M. Barbet-de-Jouy à M. J. Labarte.

195. Art de la porcelaine (extrait de l'Encyclopédie). In-4, pl. — Intorno ad alcune majoliche dipinte che esistono nella collezione del sign. D. Mazza Pesarese. *Firenze*, 1836. In-8. — Preuves authentiques de l'existence de la fabrique de porcelaine établie au château de Tervaren, par A. Pinchart. *Bruxelles*, 1864. In-8. — Jacques de Gerine, batteur sur cuivre au xve siècle et ses œuvres, par A. Pinchart. In-8. — Histoire des faïences hispano-moresques à reflets métalliques, par M. J. Davillier. *Paris*, 1861. In-8. — Une Fabrique de faïence à Lyon, sous le règne de Henri II, par le comte de la Ferrière-Percy. *Paris*, 1862. In-8. Ensemble 6 plaquettes in-8 et in-4, cart.

196. Traité des arts céramiques ou des poteries considérées dans leur histoire, leur pratique et leur théorie, par A. Brongniart. *Paris*, *Béchet*, 1844. 2 vol. in-8, fig. et atlas in-4 de pl. demi-rel. mar. vert.

197. Histoire et fabrication de la porcelaine chinoise. Ouvrage traduit du chinois par M. Stanislas Julien, accompagné de notes et d'additions par M. Alph. Salvetat, et augmenté d'un Mémoire sur la porcelaine du Japon, traduit du japonais par M. le docteur J. Hoffmann. *Paris, Mallet-Bachelier*, 1856. In-8, fig. et carte, demi-rel. avec coins, mar. vert, fil. tr. jasp.

198. Collections towards a history of pottery and porcelain in 15th, 16th, 17th and 18th centuries, with a description of the manufacture, a glossary, and a list of monograms, by Marryat, illustrated with coloured plates and woodcuts. *London, J. Murray*, 1850. In-4, pl. noires et en couleurs, demi-rel. dos et coins de mar. rouge, tête dor. ébarb.

Exemplaire dont toutes les vignettes du texte sont tirées sur chine. Envoi autographe de l'éditeur.

198 *bis*. Le même. *London, John Murray*, 1850. In-8, fig. noires et en couleurs, cart. toile, non rogné.

199. A Guide to the knowledge of pottery, porcelain and other objects of vertu, comprising an illustrated catalogue of the Bernal collection, of works of art, with the prices at which they were sold by auction and the names of the present possessors, to which are added an introductory essay on pottery and porcelain and an engraved list of marks and monograms, by H. G. Bohn. *London*, 1857. In-12, fig. cart. n. r.

Nombreuses figures coloriées.

200. I tre libri dell' Arte del vasajo, nei quali si tratta non solo la pratica, ma brevemente tutti i secreti di essa cosa che persino al di d' oggi è stata sempre tenuta ascosta, del C. P. Durantino. *Roma*, 1857. In-4, pl. demi-rel. mar. br.

201. Histoire des poteries, faïences et porcelaines, par M. J. Marryat; ouvrage traduit de l'anglais sur la deuxième édition et accompagné de notes et additions par MM. le comte d'Armaillé et Salvetat, avec une préface par M. Riocreux. *Paris, veuve J. Renouard*, 1866. 2 vol. in-8, fig. demi-rel. dos et coins de mar. brun, tête dor. éb.

202. Histoire artistique, industrielle et commerciale de la porcelaine, par Albert Jacquemart et

Edmond Le Blant, enrichie de vingt-six planches gravées à l'eau-forte par Jules Jacquemart. *Paris, J. Techener*, 1862. In-4, figures, demi-rel. avec coins, mar. vert, dos orn. fil. tête dor. ébarb. (*Gaillard.*)

203. Les Merveilles de la céramique, ou l'Art de façonner et décorer les vases en terre cuite, faïence, grès et porcelaine, depuis les temps antiques jusqu'à nos jours, par A. Jacquemart. *Paris, L. Hachette*, 1866-69. 3 vol. in-12, demi-rel. mar. gren. tête dor. ébarb.

204. Guide de l'amateur de faïences et porcelaines, par Aug. Demmin. *Paris, veuve J. Renouard*, 1861. In-4, cart.

205. Quel nom l'or émaillé a-t-il reçu des Grecs dans une haute antiquité? Réponse au mémoire de M. de Lasteyrie ayant pour titre : « L'Electrum des anciens est-il de l'émail? Dissertation sous forme de réponse à M. Jules Labarte. *Paris*, 1857. » (Extraite du troisième volume de l'Histoire des arts industriels au moyen âge et à l'époque de la Renaissance, par Jules Labarte.) *Paris, A. Morel*, 1866. In-4 de 36 pages, demi-rel. chagr. vert, tr. jasp.

206. Les troys libvres de l'Art du potier, esquels se traicte non seulement de la practique, mais brièvement de tous les secretz de ceste chouze qui iouxte meshuy a estée tousiours tenue celée, du cavalier Cyprian Piccolpassi, Durantoys; translatés de l'italien en langue françoise par maistre Claudius Popelyn. *Paris, Imprimerie internationale*, 1860. In-4, figures, demi-rel. mar. la Vall. tr. jasp.

207. L'Art de terre chez les Poitevins, suivie d'une étude sur l'ancienneté de la fabrication du verre en Poitou, par Benjamin Fillon. *Niort, L. Clou-*

zot, 1864. In-4, figures, demi-rel. avec coins, mar. vert, dos orn. fil. tête dor. ébarb.

208. Essai historique et descriptif sur les émailleurs et les argentiers de Limoges, par l'abbé Texier. *Poitiers*, *Saurin frères*, 1843. In-8, figures, demi-rel. mar. vert, dos orn. tr. jasp.

209. Émailleurs et émaillerie de Limoges, par Maurice Ardant. *Isle, typographie Martial Ardant frères*, 1855. In-12, fig. demi-rel. chagr. r. dos orn. tr. jasp.

210. La Faïence, les faïenciers et les émailleurs de Nevers, par L. du Broc de Segange. *Nevers, imprimerie de J.-M. Fay*, 1863. In-4, figures noires et en couleurs, demi-rel. avec coins, mar. la Vallière, tête dor. ébarb.

211. Recueil de toutes les pièces connues jusqu'à ce jour de la faïence française, dite de Henri II et Diane de Poitiers, dessinées par C. Delangle et publiées par MM. H. et C. Delangle. *Paris*, 1861. In-fol. pl. — Monographie de l'œuvre de Bernard Palissy, suivie de ses continuateurs ou imitateurs, dessinée par MM. C. Delangle et C. Borneman et accompagnée d'un texte par M. Sauzay. *Paris*, 1862. In-fol. pl. — Recueil de faïences italiennes des XVe, XVIe et XVIIe siècles, dessiné par MM. C. Delangle et C. Borneman, et accompagné d'un texte par MM. A. Darcel et H. Delangle. *Paris*, 1869. In-fol. pl.; ensemble 3 vol. in-fol. planches en couleurs, demi-rel. mar. brun, tête dor. non rog.

Collection rare.

212. Darcel (Alfred). Notice des faïences peintes, italiennes, hispano-moresques et françaises, et des terres cuites émaillées italiennes. 1 vol. — Notice des émaux et de l'orfèvrerie. 1 vol. *Paris*, *Mourgues frères*, 1864-67. 2 vol. in-8, br.

213. Description méthodique du musée céramique de la manufacture royale de porcelaine de Sèvres, par MM. A. Brongniart et D. Riocreux. *Paris, A. Leleux*, 1845. 2 vol. in-4, dont 1 de planches en couleurs, demi-rel. avec coins, mar. r. fil. tr. jasp.

214. Histoire de l'art de la verrerie dans l'antiquité, par Achille Deville. *Paris, veuve A. Morel*, 1873. In-4, pl. demi-rel. dos et coins de mar. rouge, tête dor. éb.

Cent douze planches tirées en or et en couleurs, et nombreuses marques de verriers.

215. L'Arte vetraria distinta in libri sette del R. P. Antonio Neri Fiorentino, ne' quali si scoprono effetti marauigliosi, et insegnano segreti bellissimi del vetro nel fuoco et altre cose curiose. *In Firenze*, 1612. Pet. in-4, vélin.

216. L'Art de la vitrification, ou Traité élémentaire théorique et pratique de la fabrication du verre, suivi d'un vocabulaire des mots techniques employés dans cet art, et d'un Traité de la dorure sur cristal et sur verre, par F. Bastenaire-Daudenart. *Paris, Bachelier*, 1825. In-8, planches, demi-rel. v. brun, tr. jasp.

217. Exposé historique et pratique des moyens employés pour la fabrication des verres filigranés, par M. Bontems, in-4. — Quelques études sur l'art du verrier et sur les vitraux d'Alsace, par Baptiste Petit-Gérard. *Strasbourg, s. d.* In-8, fig. — Examen historique et critique des verres, vitraux, cristaux, composant la classe 24 de l'Exposition universelle, par G. Bontemps. *Paris*, 1851. In-8. Ensemble 3 plaquettes in-8 et in-4, cart.

218. Guide du verrier, traité historique et pratique de la fabrication des verres, cristaux, vitraux, par G. Bontemps, avec de nombreuses figures inter-

calées dans le texte. *Paris,* 1868. In-8, fig. demi-rel. mar. vert.

219. Catalogue of the collection of Glass formed by Felix Slade, with notes on the history of Glass making by Alexander Nesbitt, an appendix. *S. l., printed for private distribution,* 1871. In-4, pl. noires et en couleurs, demi-rel. dos et coins de mar. brun, tête dor. éb.

220. Histoire de l'orfèvrerie et des arts qui s'y rattachent, depuis le commencement du moyen âge jusqu'à la fin du XVIe siècle, par Jules Labarte. *Paris, Plon,* 1850. In-4, pl. demi-rel. mar. vert, plats toile, tête dor. éb.

Extrait du Moyen Age et de la Renaissance, par P. Lacroix et F. Séré, et tiré à 12 exemplaires seulement. Exemplaire nº 1. Nombreuses planches noires et chromolithographiées.

221. Paul Lacroix et Ferdinand Séré. — Le Livre d'or des Métiers. — Histoire de l'orfèvrerie-joaillerie et des anciennes communautés et confréries d'orfèvres-joailliers de la France et de la Belgique. — Histoire des cordonniers et des artisans dont la profession se rattache à la cordonnerie, précédée de l'histoire de la chaussure depuis les temps les plus reculés jusqu'à nos jours. — Histoire de l'imprimerie et des arts et professions qui se rattachent à la typographie. — Histoire de la charpenterie et des anciennes communautés et confréries de charpentiers. — Histoire de la coiffure, de la barbe et des cheveux postiches. — Histoire des hôtelleries, cabarets, courtilles et des anciennes communautés et confréries d'hôteliers, de taverniers, de marchands de vins, etc., par Francisque Michel et Edouard Fournier. *Paris,* 1850-1854. Ens. 6 ouvrages en 7 vol. gr. in-8, figures noires et en coul. rel. et broch.

222. Histoire de l'horlogerie depuis son origine jusqu'à nos jours, précédée de recherches sur la mesure du temps dans l'antiquité et suivie de la biographie des horlogers les plus célèbres de l'Europe, par Pierre Dubois. *Paris, administration du Moyen Age et de la Renaissance*, 1849. In-4, figures, demi-rel. mar. bleu, tr. jasp.

223. Geschichte der Holzschneidekunst von den ältesten bis auf die neuesten Zeiten nebst zwei Beilagen enthaltend der Ursprung der Spielkarten und ein Verzeichniss der sämmtlichen monographischen Werke, von Joseph Heller. *Bamberg*, 1823. In-8, pl. et fig. cart.

224. Recherches sur l'usage et l'origine des tapisseries à personnages dites historiées, depuis l'antiquité jusqu'au XVIe siècle inclusivement, par Ach. Jubinal. *Paris*, 1840. In-8, fig. — Notice historique sur les manufactures de tapisseries dites des Gobelins, et tapis de la Savonnerie, etc. (par Darcel). *Paris*, 1861. In-12, cart. n. r. Ensemble, 2 vol. in-12, fig. cart.

Brochures rares. La première surtout a été tirée à très-petit nombre.

225. History of Lace, by Mrs. Bury Palliser. *London, Sampson Lowe son and Marston*, 1865. In-8, fig. noires et en couleurs, cart. anglais, tr. dor.

DEUXIÈME PARTIE

THÉOLOGIE

226. Biblia sacra vulgatæ editionis, Sixti V, pont. max., jussu recognita et Clementis VIII auctoritate edita. *Paristis, e Typographia regia*, 1653. In-4, vign. demi-rel. veau fauve, tr. rouge.

227. Renan (Ernest). — Vie de Jésus. — Les Apôtres. *Paris, Michel Lévy frères,* 1863-66. 2 ouvrages en 2 vol. in-8, demi-rel. mar. la Vall. tête dor. ébarb.

228. Origine et raison de la liturgie catholique en forme de dictionnaire, suivi de la Liturgie arménienne, traduite en français sur le texte italien du Père G. Avedichian, par l'abbé J.-B.-E. Pascal ; publié par M. l'abbé Migne. *Paris*, 1844. Gr. in-8, demi-rel. mar. brun.

229. Dissertations ecclésiastiques sur les principaux autels des églises, les jubés des églises, la clôture du chœur des églises, par M. Jean-Baptiste Thiers. *A Paris, chez Antoine Dezallier,* 1688. In-12, v. fauv. dos orn. fil. dent. int. tr. dor.

230. Rationale divinorum officiorum, aut. D. Gulielmo Durando. *Lugduni, apud hæredes Jacobi Juniæ,* 1565. In-8, veau marbré.

Mouillures et piqûres de vers.

231. Rational, ou manuel des divins offices de

Guillaume Durand, évêque de Mende au VIIIe siècle, ou Raisons mystiques et historiques de la liturgie catholique, traduit pour la première fois du latin en français, par M. Charles Barthélemy. *Paris, Louis Vivès*, 1854. 5 vol. in-8, demi-rel. chagr. viol. tr. jasp.

232. Le Livre d'heures de la reine Anne de Bretagne, traduit du latin et accompagné de notices inédites, par M. l'abbé Delaunay. *Paris, L. Curmer*, 1861. 2 vol. in-4, fig. en couleurs mar. r. jans. tr. dor.

233. OEuvre de Jehan Foucquet. Heures de maistre Estienne Chevalier, texte restitué, par M. l'abbé Delaunay. *Paris, L. Curmer*, 1866. 2 vol. in-4, fig. en couleurs, demi-rel. dos et coins de mar. brun, tête dor. éb.

234. L'Histoire ecclésiastique de la cour, ou les Antiquités et recherches de la chapelle et oratoire du roy de France depuis Clovis I jusques à nostre temps, par G. du Peyrat. *Paris, H. Sara*, 1645. In-fol. veau.

Titre en mauvais état.

235. Johannis Gersen, de Imitatione Christi et contemptu omnium vanitatum mundi libri IV. *Lutetiæ Parisiorum*, 1674. In-4, veau.

Des armoiries qui se trouvaient sur les plats ont été grattées.

236. Selectæ christiani orbis Deliciæ, per Franciscum Sweertium. *Coloniæ Agrippinæ, sumpt. Bern. Gualteri*, 1608. In-12, titre gravé, veau.

237. Veterum aliquot scriptorum qui in Galliæ bibliothecis, maxime benedictinorum, latuerant Spicilegium, opera et studio D. L. D. Acherii. *Parisiis, apud Carolum Savreux*, 1655-1677. 13 vol. in-4, vélin.

238. Eminentissimi Domini D. Joannis Bona, S. Ro-

manæ ecclesiæ titulo S. Bernardi ad Thermas cardinalis, presbyteri ordinis Cisterciencis, opera omnia quotquot hactenus separatim edita fuere, editio nova, aucta opusculo posthumo de præparatione anno 1731. *Antverpiæ*, *J.-B. Verdussen*, 1739. In-fol. vélin.

239. OEuvres de Fénelon précédées d'une notice sur sa vie et sur ses écrits. *Paris*, *Dufour* (*impr. de Crapelet*), 1826. 12 vol. in-8, portr. demi-rel. veau fauve.

240. Le Combat spirituel, dans lequel on trouve les moyens les plus sûrs pour vaincre ses passions et triompher du vice, augmenté de la paix de l'âme, du bonheur d'un cœur qui meurt à lui-même pour vivre à Dieu, et de pensées sur la mort, par le R. P. D. Laurent Scupoli. *A Paris, chez Despilly*, 1773. In-16, mar. bleu, fil. dent. int. tr. dor. (*Rel. anc.*)

241. Histoire de l'Église, écrite par Eusèbe, évêque de Césarée, traduite par Cousin. *Paris*, *Pierre Rocolet*, 1675-76. 4 vol. in-4, v. marbr. tr. jasp.

242. Annales ecclesiastici, auctore Cæsare Baronio Sorano, sedis apostolicæ bibliothecario, una cum critica historico-chronologica P. Ant. Pagii. *Lucæ*, 1738-46. 19 vol. in-fol. — Annales ecclesiastici ab anno 1198, ubi desinit C. Baronius, auctore Odorico Raynaldo. *Lucæ*, 1747-52 (tomes 1 à 8). Ens. 27 vol. in-fol. bas. (*Rel. diff. et fatiguée.*)

Les tomes 9 à 15 de Raynaldus manquent. Mouillures et piqûres de vers.

243. Liber Pontificalis seu de gestis romanorum pontificum quem cum codd. ms. Vaticanis emendavit, supplevit J. Vignolius. *Bonnæ*, 1724-55. 3 vol. in-4, vélin.

244. Gallia Christiana, qua series omnium archiepiscorum et abbatum Franciæ vicinarumque ditionum ab origine ecclesiarum ad nostra usque tempora per quatuor tomos deducitur. *Lutetiæ Parisiorum, Car. Du Mesnil*, 1656. 4 vol. in-fol. front. et pl. veau.

Première édition de cet important ouvrage, rédigé par Scévole et Louis de Sainte-Marthe.

245. Chronica sacri monasterii Casinensis, auctore Leone, cardinali episcopo Ostiensi, continuatore Petro diacono ejusdem cœnobii monacho, ex manuscriptis codicibus summa cura et fide, quarta hac editione, notis illustrata primus evulgavit D. Anglus de Nuce. *Lutetiæ Parisiorum, L. Billaine*, 1663. In-fol. veau.

246. Histoire de l'abbaye royale de Saint-Germain-des-Prez, contenant la vie des abbez qui l'ont gouvernée depuis sa fondation, les hommes illustres qu'elle a donnez à l'Eglise et à l'Etat, etc., le tout justifié par des titres authentiques, et enrichi de plans et de figures, par dom Jacques Bouillart. *A Paris, chez G. Dupuis*, 1724. 2 parties en 1 vol. in-fol. pl. éb. fig. veau.

247. Le Trésor sacré, ou inventaire des sainctes reliques et autres précieux ioyaux qui se voyent en l'Église et au trésor de l'abbaye royale de S. Denys en France, par dom Germain Millet. *Paris, chez Jean Billaine*, 1640. In-12, titre gravé, mar. violet, fil. tr. dor. (*Ottmann-Duplanil.*)

248. Thuringia sacra, sive historia monasteriorum quæ olim in Thuringia floruerunt ; accedunt Sam. Reyheri Monumenta landgraviorum Thuringiæ et marchionum Misniæ. *Francofurti, Weidmann*, 1737. In-fol. pl. veau. (*Aux armes.*)

249. La Légende dorée, par Jacques de Voragine, traduite du latin et précédée d'une notice historique et bibliographique par M. G. B. *Paris,*

Charles Gosselin, 1843. 2 vol. in-12, demi-rel. mar. vert, tr. jasp.

250. Histoire de saint Abbon, abbé de Fleury-sur-Loire, martyr de la Réole en 1004, avec une introduction sur le xe siècle, par l'abbé J.-B. Pardiac. *Paris, J. Lecoffre*, 1872. In-8, portr. br.

Notes manuscrites au crayon.

251. Histoire des dogmes chrétiens, par Eugène Haag. *Paris, Joël Cherbuliez*, 1862. 2 vol. gr. in-8, br.

252. Le Christianisme et ses origines, l'hellénisme, par Ernest Havet. *Paris*, *Michel Lévy frères*, 1872. 2 vol. in-8, br.

253. Histoire des persécutions de l'Église. — La polémique païenne à la fin du IIe siècle par B. Aubé. *Paris*, *Didier*, 1878, in-8, br.

254. Renan (Ernest). Études d'histoire religieuse. — Les Évangiles et la seconde génération chrétienne. — L'Église chrétienne. *Paris*, *Michel Lévy frères*, 1858-77-79. 3 ouvr. en 3 vol. in-8, br.

255. La Religion, par E. Vacherot. *Paris*, *Chamerot*, 1869. In-8, demi-rel. mar. bleu.

---

256. Abrégé de l'origine de tous les cultes, par Dupuis. *Paris*, *chez Henri Agasse, an VI*. In-8, br.

257. Dictionnaire de la Fable, par Fr. Noël. *Paris Le Normant*, 1810. 2 vol. in-8, frontisp. texte à 2 col. v. vert, éc. fil. tr. jasp.

258. Le Coran, traduit de l'arabe, avec des notes des plus célèbres commentateurs orientaux, par Savary, précédée de la Légende de Mahomet, nouvelle édition, augmentée de la Doctrine et des

devoirs de la religion musulmane, etc., traduit de l'arabe par M. Garcin de Tassy. *Paris, Dondey-Dupré*, 1829. 3 vol. in-18, portr. br.

JURISPRUDENCE

259. Collection complète des lois, décrets, ordonnances, règlements et avis du conseil d'État, publiée par J.-B. Duvergier. *Paris, Guyot*, 1824-77. 79 vol. in-8, demi-rel. veau brun, les 3 derniers vol. *brochés*.

260. Dictionnaire de législation usuelle, contenant les notions du droit civil, commercial et administratif, avec des formules d'actes et de contrats, par E. de Chabrol-Chaméane. *Paris*, 1845. In-8, texte à 2 col. tr. jasp.

261. Traité du voisinage, par M. Fournel, avocat, quatrième édition, revue et augmentée par M. Tardif. *A Paris, chez B. Warée*, 1827. 2 vol. in-8, broch.

SCIENCES

262. Miroir universel des arts et sciences en général de l'excellent docteur M. Léonard Fiorauanti Bolognois, diuisé en trois liures, traduit d'italien en

françois par Gabriel Chappuys, Tourangeau. *A Paris, chez Pierre Cavellat,* 1584. In-8, parch. ant.

263. Dictionnaire universel des sciences, des lettres et des arts, par M. N. Bouillet. *Paris, Hachette,* 1854. 2 vol. gr. in-8, texte à 2 col. demi-rel. chagr. viol. tr. jasp.

264. Essais de Michel de Montaigne. *A Paris, chez Jean-François Bastien,* 1783. 3 vol. in-8, portr. mar. bleu, doublé de tabis rose, dos orné, dent. int. et ext. tr. dor. (*Meslant.*)

265. Les Caractères de la Bruyère. *Paris, stéréotypie d'Herhan, an X* (1802). 3 vol. in-12, portr. v. marbr. fil. tr. dor.

PAPIER VÉLIN.

266. Cousin (V.). Cours d'histoire de la philosophie. Morale au XVIIIe siècle. 3 vol. — Cours de l'histoire de la philosophie. Histoire de la philosophie du XVIIIe siècle. 3 vol. — Cours d'histoire de la philosophie moderne. 1 vol. — Fragments littéraires. 1 vol. — Cours de philosophie sur le fondement des idées absolues du vrai, du beau et du bien. 1 vol. — Madame de Sablé, études sur les femmes illustres et la société du XVIIe siècle. *Paris,* 1836-54. Ens. 10 vol. in-8, rel. et br.

267. La Science du beau, étudiée dans ses principes, dans ses applications et dans son histoire, par Charles Lévêque. *Paris, Aug. Durand,* 1862. 2 vol. in-8, demi-rel. mar. noir, tr. peigne.

268. De la Place de l'homme dans la nature, par Th. H. Huxley. *Paris, J.-B. Baillière,* 1868. In-8, br.

269. Histoire de la création des êtres organisés d'après les lois naturelles, par Ernest Hæckel. *Paris, C. Reinwald,* 1874. Gr. in-8, figures noires et en couleurs, cart. perc. n. r.

270. La Loi absolue du devoir et la destinée humaine au point de vue de la science comparée, par J. Rambosson. *Paris, librairie Firmin-Didot,* 1875. Gr. in-8, br.

271. Dialogues et fragments philosophiques, par Ernest Renan. *Paris, Calmann Lévy frères,* 1876. In-8, br.

272. Essai de psychologie. La Bête et l'Homme, par le Dr Ed. Fournié. *Paris, Didier,* 1877. In-8, br.

273. Histoire de l'instruction publique en Europe et principalement en France depuis le christianisme jusqu'à nos jours. Universités, collèges, écoles des deux sexes, académies, bibliothèques publiques, etc., par Vallet de Viriville, illustrations archéologiques par F. Séré. *Paris,* 1849. In-4, pl. noires et en couleurs, demi-rel. mar. violet.

274. Le Livre du chevalier de la Tour-Landry, pour l'enseignement de ses filles, publié d'après les manuscrits de Paris et de Londres, par M. Anatole de Montaiglon. *A Paris, chez P. Jannet,* 1854. In-16, cart. perc. non rog.

Rare.

275. Revue politique et littéraire (2e série), tome Ier à XVI. *Paris, G. Baillière,* 1871-79. 16 vol. in-4, texte à 2 col. br.

276. Anthropologie, étude des organes, fonctions, maladies de l'homme et de la femme, comprenant l'anatomie, la physiologie, etc., par Antonin Bossu. *Paris, Blond et Barral,* 1879. 2 vol. in-8, demi-demi-rel. mar. la Val. tr. peigne.

277. Traité élémentaire de physiologie humaine, comprenant les principales notions de physiologie comparée, par J. Béclard. *Paris, Labé,* 1859.

In-8, fig. dans le texte, demi-rel. mar. vert, tr. peigne.

278. La Descendance de l'homme et la sélection sexuelle, par Ch. Darvin, traduit de l'anglais par J.-J. Moulinié. *Paris, C. Reinwald*, 1873-74. 2 vol. in-8, figures dans le texte, cart. parc. verte, n. rogné.

279. L'Espèce humaine, par A. de Quatrefages, deuxième édition. *Paris, G. Baillière*, 1877. In-8, cart. toile.

280. Essai sur la physiognomonie, destiné à faire connoître l'homme et à le faire aimer, par Jean Gaspard Lavater. *Imprimé à La Haye, s. d.* 4 vol. in-4, nombr. fig. demi-rel. chagr. r. tr. jasp.

281. Physiologie, ou l'Art de connaître les hommes sur leur physionomie, ouvrage extrait de Lavater par M. J.-M. Plané. *Meudon, imp. Demaille*, 1797. Fig. veau rac. tr. dor.

Papier vélin.

282. Histoire naturelle de Pline, avec la traduction en français, par M. E. Littré. *Paris, Dubochet*, 1848, 2 vol. gr. in-8, demi-rel. veau fauve.

De la collection Nisard.

283. La Science des pierres précieuses, appliquée aux ouvrages posthumes de A. Caire, deuxième édition, revue, corrigée, mise en ordre et publiée par Leroux-Dufié, ornée de seize planches. *Paris*, 1833. In-8, pl. demi-rel. mar. rouge.

284. Album des diverses localités formant les établissements industriels d'acide baracique fondés en Toscane en 1818, par le comte de Larderel. *S. l. n. d.* In-4, port. et pl. cart.

285. Maison rustique du XIXe siècle. Encyclopédie d'agriculture pratique. *Paris, Librairie agricole*, 1844. 5 vol. in-8, texte à 2 col. et nombr. fig.

dans le texte, demi-rel. mar. brun, tr. peign. (*Piqûre d'humidité.*)

286. Botanique. Organographie et taxonomie, histoire naturelle des familles végétales, par M. Ad. Jussieu, avec l'indication de leur emploi dans les arts, les sciences et le commerce, par Emm. Le Mahout. *Paris, L. Curmer*, 1852. gr. in-8, fig. noires et col. cart. toile, fers spéciaux, tr. dor. (*Rel. de l'éditeur.*)

287. Métrologie, ou Traité des mesures, poids et monnoies des anciens peuples et des modernes. *Paris, Desaint*, 1780. In-4, v. ant.

288. Le Ciel, notions d'astronomie à l'usage des gens du monde et de la jeunesse, par Amédée Guillemin. *Paris, Hachette*, 1870. Gr. in-8, fig. noires et en couleur, demi-rel. mar. vert, plats toile, tr. dor.

289. Astronomie populaire. Description générale du ciel, illustrée de 360 figures, planches en chromolithographie, cartes célestes, etc. *Paris, Marpon et Flammarion*, 1880. Gr. in-8, fig. noires et en couleurs, demi-rel. chagr. rouge, plats, toile, tr. dor.

BELLES-LETTRES

---

290. Glossarium ad scriptores mediæ et infimæ græcitatis, cum appendice, auctore C. Du Fresne, domino du Cange. *Lugduni, Anisson*, 1688. 2 tomes en 1 vol. in-fol. front. vélin.

Ouvrage recherché.

291. L'Hellénisme en France, leçons sur l'influence des études grecques dans le développement de la langue et de la littérature françaises, par E. Egger. *Paris*, *Didier*, 1869. 2 vol. in-8, demi-rel. mar. brun, tr. peign.

292. Glossarium mediæ et infimæ latinitatis, conditum a Carolo Dufresne, domino du Cange, auctum cum supplementis integris D. P. Carpentarii et additamentis Adlungii et aliorum, a C.-A.-L. Henschel. *Parisiis, excudebat F. Didot*, 1840-1850. 7 vol. in-4, demi-rel. mar. brun.

293. Quicherat (L.). Dictionnaire latin-français et français-latin. *Paris, Hachette,* 1847-58. 2 forts volumes in-8, texte à 3 col. demi-rel. mar. viol. tr. jasp.

294. Addenda Lexicis latinis, investigavit, collegit, digessit L. Quicherat. *Parisiis*, *L. Hachette,* 1862. In-8, texte à 2 col. br.

295. Dictionnaire de l'Académie française, septième édition dans laquelle on a reproduit pour la première fois les préfaces des six éditions précédentes. *Paris, F*, *Didot*, 1878. 2 vol. in-4, demi-rel. mar. vert, tr. peigne.

296. Complément du dictionnaire de l'Académie française, publié sous la direction d'un membre de l'Académie française. *Paris, chez Firmin-Didot frères*, 1856. In-4, demi-rel. mar. vert, tr. jasp.

297. Grammaire des grammaires, ou Analyse raisonnée des meilleurs traités sur la langue française, par Ch.-P. Girault-Duvivier. *Paris, A. Cotelle,* 1853. 2 vol. in-8, demi-rel. mar. noir.

298. Dictionnaire usuel de tous les verbes français, tant réguliers qu'irréguliers, entièrement conjugués, par MM. Bescherelle. *Paris*, *G. Garnier*, *s. d.* 2 vol. in-8, demi-rel. chagr. viol.

299. Glossaire de la langue romane, rédigé d'après les manuscrits de la Bibliothèque impériale et d'après ce qui a été imprimé de plus complet en ce genre, par J.-B.-B. Roquefort. *Paris, B. Warrée*, 1808-1820. 3 vol. in-8, front. demi-rel. cuir de Russie *non rog.*

Rare.

300. Étude sur la lange populaire, ou Patois de Paris et de sa banlieue, par Charles Nisard. *Paris, A. Franck*, 1872. In-8, br.

301. Dictionnaire des synonymes de la langue française avec une introduction sur la théorie des synonymes, par M. Lafaye. *Paris, Hachette*, 1858. Gr. in-8, texte à 2 col. demi-rel. mar. noir, tr. jasp.

302. Remarques sur la langue française au XIXe siècle, sur le style et la composition littéraire, par M. Francis Wey. *Paris, F. Didot*, 1845. 2 tomes en 1 vol. in-8, demi-rel. mar. vert.

303. Nouveau Dictionnaire des langues allemande et française, par C.-G.-Th. Schuster. *Paris, Hingray*, 1843. In-8, demi-rel. v. f. tr. jasp.

304. Grammaire et dictionnaire abrégés de la langue berbère, composés par feu Venture de Paradis, revue par P.-A. Jaubert et publiés par la Société de géographie. *Paris, Impr. royale*, 1844. In-4, br.

305. Cours de littérature française, par M. Villemain. *Paris, Didier*, 1862. 2 vol. in-12, demi-rel. mar. vert, tr. peig.

306. Recueil des discours, rapports et pièces diverses lus dans les séances publiques et particulières de l'Académie française, 1870-1879. *Paris, Firmin-Didot*, 1876. In-4, br.

307. OEuvres complètes d'Homère, traduction nouvelle avec une introduction et des notes, par P. Giguet. *Paris, L. Hachette*, 1857. In-12, demi-rel. v. fauve, tr. jasp.

308. L'Iliade et l'Odysée d'Homère, avec des remarques, précédées de réflexions sur Homère et sur la traduction des poètes; par P.-J. Bitaubé. *A Paris, chez E.-A. Lequien*, 1819. 8 vol. in-16, port. v. brun, dent. à fr. sur les plats, tr. dor. (*Thouvenin.*)

309. Manuelis Philæ carmina ex codicibus Escurialensibus, Florentinis, Parisinis, Vaticanis, nunc primum edidit E. Miller. *Parisiis, Typ. imperiali*, 1855-57. 2 vol. in-8, br.

Envoi autographe de l'auteur signé à M. Labarte.

310. Quinti Horatii Flacci Opera, interpretatione et notis illustravit Ludovicus Desprez. *Parisiis, Fréd. Léonard*, 1691. 2 vol. in-4, front. veau brun.

Le frontispice est rogné jusqu'au cadre.

311. Quinti Horatii Flacci Opera, cum novo commentario ad modum Joannis Bond. *Parisiis, F. Didot*, 1855. In-12, photogr. demi-rel.mar. rou. tête dor. éb.

312. Bernardini Parthenii Spilimbergii in Q. Horatii Flacci carmina atq. epodos commentarii quibus poetæ artificium et via ad imitationem atq. ad poetice scribendum aperitur. *Venet.*, *Stephanus Bartori*, 1684, in-4, titre gravé, veau, semis de fleurs de lis sur le dos et sur les plats, tr. dor. (*Armoiries*). (*Rel. fatiguée.*)

313. OEuvres d'Horace, traduction nouvelle avec le texte en regard, précédée et suivie d'études biographiques et littéraires par M. Patin. *Paris, Charpentier*, 1866. 2 vol. in-12, demi-rel. mar. la Vall. tr. peign.

314. Horace. Odes gaillardes, traduites en vers par M. Armand Barthet. *Paris, E. Dentu*, 1862. In-12, portr. demi-rel. v. fauve, tête dor. ébarb.

Deux portraits d'Horace sur chine.

315. P. Virgilii Maronis Opera, interpretatione et notis illustravit Carolus Ruæus. *Parisiis, Sim. Benard*, 1682. In-4, veau.

Griffonnage sur le titre.

316. Publii Virgilii Maronis Carmina omnia, perpetuo commentario ad modum Joannis Bond explicuit Fr. Dübner. *Parisiis, ex typographia F. Didot*, 1858. In-12, photogr. demi-rel. mar. r. tête dor. éb.

317. Recueil de chants historiques français, depuis le XIIe jusqu'au XVIIIe siècle, avec des notices et une introduction, par Le Roux de Lincy. *Paris, Charles Gosselin*, 1841-42. 2 vol. in-12, br.

318. Recueil de poésies françoises des XVe et XVIe siècles, morales, facétieuses, historiques, réunies et annotées par Anatole de Montaiglon. *A Paris, chez P. Janet*, 1855-57. 7 vol. in-16, cart. perc. non rog.

Tomes I à VII.

319. La Chanson de Roland, texte critique par Léon Gautier. *Tours, A. Mame et fils*, 1872. In-12, br.

Exemplaire sur papier fort.

320. Li Romans de Dolopathos, publié pour la première fois en entier d'après les deux manuscrits de la Bibliothèque impériale, par MM. Charles Brunet et Anatole de Montaiglon. *Paris, chez P. Janet*, 1856. In-16, cart. perc. n. rog.

321. OEuvres complètes de Boileau-Despréaux, contenant ses poésies, ses écrits en prose, sa traduction de Longin, ses lettres à Racine, à Brossette et à diverses autres personnes. *Paris, imprimerie de Mame frères*, 1810. 3 vol. in-8, n. rog.

322. Fables de la Fontaine, illustrées par J.-J. Grandville. *Paris, H. Fournier aîné*, 1839. 2 vol. in-8. figures, mar. vert, fil. tr. dor. (*Schæck.*)

323. Contes et nouvelles en vers de J. de la Fontaine, texte original avec notes, par Alphonse Pauly. *Paris, Alphonse Lemerre*, 1868. 2 vol. in-16, demi-rel. v. f. tête dor. ébarb.

Rare.

324. Poésies morales et historiques d'Eustache Deschamps, publiées pour la première fois d'après le manuscrit de la Bibliothèque du Roi, avec un précis historique et littéraire sur l'auteur par G.-A. Crapelet. *Paris, impr. de Crapelet*, 1832. Gr. in-8, cart. n. rog.

325. Poème adressé a Adèle, fille de Guillaume le Conquérant, par Baudri, abbé de Bourgueil, publié par M. Léopold Delisle. *Caen, F. Leblanc-Hardel*, 1871. In-4, cart.

326. OEuvres complètes de Millevoye, dédiées au Roi et ornées d'un beau portr. *Paris, Ladvocat*, 1822. 4 vol. in-8, portr. v. f. dent. à fr. sur les plats, fil. tr. dor.

327. Alfred de Musset. Poésies, nouvelle édition. *Paris, Charpentier*, 1867. 2 vol. in-16, demi-rel. mar. gren. tête dor. ébarb.

328. I Quattro Poeti italiani con una scelta di poesie italiane dal 1200 sino a nostri tempi, publicati da A. Buttura. *Parigi, Lefèvre*, 1833. Gr. in-8, front. demi-rel. veau bleu.

329. La Divina Comedia di Dante Alighieri già ridotta a miglior lezione dagli academici della Crusca ed ora accuratamente emendata col com-

mento del P. Pompeo Venturi. *Firenze*, *L. Ciardelli*, 1821. 3 vol. gr. in-8, portr. et fig. demi-rel. veau vert.

330. Orlando furioso di Lodovico Ariosto. *Firenze*, *Leonardo Ciardetti*, 1823. 4 vol. in-8, portr. et figures, demi-rel. avec coins, v. rose, tr. marbr.

Figures de Colin AVANT LA LETTRE.

331. The complete Works of lord Byron, from the last London edition, now first collected and arranged, and illustrated, with all the notes, by sir Walter Scott, F. Jeffrey, etc., to which is prefixed the life of the author, by John Galt. *Paris*, *Baudry*, 1837. Gr. in-8, fig. demi-rel. chagr. vert.

332. Les Poëtes contemporains de l'Allemagne, par N. Martin. *Paris*, *Jules Renouard*, 1846. In-8, demi-rel. mar. r. tr. jasp.

---

333. Répertoire du théâtre françois, ou Recueil des tragédies et comédies restées au théâtre depuis Rotrou, avec des notices sur chaque auteur et l'examen de chaque pièce, par M. Petitot. *Paris*, *Perlat*, 1803-1804. 23 vol. in-8, cart, n. rog.

334. Répertoire du Théâtre-Français, avec des commentaires par Voltaire, L. Racine, La Harpe, etc., des remarques de Molière, Le Kain, Baron, Molé, Préville, etc., et des notes sur les auteurs et acteurs célèbres, par L.-B. Picard et J. Peyrot. *Paris*, *F.-A. Duprat*, 1826. 4 vol. in-8, demi-rel. dos et coins de veau rouge, portr. tr. marbr. (*G. Simier.*)

Bel exemplaire.

335. OEuvres complètes de J. Racine, revues avec soin sur toutes les éditions de ce poëte, avec des notes extraites des meilleurs commentateurs, par

P.-R. Auguis. *Paris, Fortin,* 1826. In-8, portr. texte à 2 col. demi-rel. avec coins mar. r. ébarb. (*Vogel.*)

336. OEuvres de J.-B. Poquelin de Molière. *Paris, imprimerie de P. Didot aîné, an VII*-1799. 8 vol. in-16, v. rac. fil. tr. marbr.

337. OEuvres complètes de Regnard, avec des avertissements et des remarques sur chaque pièce, par M. Garnier. *Paris, chez Lefèvre,* 1810. 6 vol. in-8, portr. et figures, cart. n. rog.

338. Théâtre de Voltaire, augmenté de plusieurs pièces qui ne se trouvent pas dans les éditions précédentes. *A Londres* (*Cazin*), 1782. 8 vol. in-18, mar. rouge, dos orné, dent. tr. dor. (*Anc. rel.*)

339. OEuvres complètes de M. Eugène Scribe, nouvelle édition entièrement revue par l'auteur, ornée de 180 jolies vignettes en taille-douce, d'après les dessins de MM. Alfred et Tony Johannot, Gavarni, Marckl, etc. *Paris, Furne,* 1840-41. 5 vol. gr. in-8, fig. demi-rel. mar. vert, tr. jasp.

340. Cinq-Mars, ou une Conjuration sous Louis XIII, par le comte Alfred de Vigny. *Paris, Urbain Canel,* 1827. 2 vol. in-8, demi-rel. v. vert, tr. marbr.

341. Le Fils de Giboyer, deuxième édition, par Em. Augier. *Paris, M. Lévy,* 1863. In-8. — Fernande, comédie, par V. Sardou. *Paris, M. Lévy,* 1870. In-8. (Édition originale.) — Froufrou, comédie, par Meilhac et Halévy, troisième édition. *Paris, M. Lévy,* 1870. In-8. — La Fille de Roland, drame en quatre actes, par H. de Bornier, quinzième édition. *Paris, Dentu,* 1875. In-8. — Ensemble, 4 vol. in-8, *brochés.*

342. Aminta, favola boscareccia di Torquato Tasso.

In Leida, presso G. Elzevier, 1656. Pet. in-12, mar. rouge, fil. tr. dor. (*Anc. rel. fatiguée.*)

---

343. Longus. Daphnis et Chloé, traduction d'Amyot. *Paris, librairie des Bibliophiles*, 1872. In-16, texte encadré d'un filet r. figures à l'eau-forte, demi-rel. avec coins, mar. bleu, tête dor. ébarbé.

344. Éloge de la Folie, d'Érasme, traduit par Victor Develay et accompagné des dessins de Hans Holbein. *Paris, libr. des Bibliophiles*, 1872. Gr. in-8, demi-rel. dos et coins de mar. rouge, tête dor. éb. (*Ad. Bertrand.*)

345. Essai sur les légendes pieuses du moyen âge, par L.-F.-Alfred Maury. *Paris, chez Ladrange*, 1843. In-8, demi-rel. mar. vert, dos orn. tr. jasp.

346. Nouvelles françoises en prose du XIIIe siècle, publiées d'après les manuscrits avec une introduction et des notes, par MM. L. Moland et C. d'Héricault. *A Paris, P. Jannet*, 1856. In-16, cart. perc. n. rog.

347. Les Caquets de l'accouchée, nouvelle édition, revue sur les pièces originales et annotée par M. Édouard Fournier, avec une introduction par M. Le Roux de Lincy. *A Paris, chez P. Janet*, 1855. In-16, cart. perc. n. rog.

348. OEuvres de Rabelais, collationnées pour la première fois sur les éditions originales, accompagnées de notes nouvelles et ramenées à une orthographe qui facilite la lecture, par MM. Burgaud des Marets et Rathery. *Paris, F. Didot*, 1857. 2 tomes en 1 vol. in-12, demi-rel. mar. violet, tr. peigne.

349. OEuvres choisies de Ch. Perrault, avec les mémoires de l'auteur et des recherches sur les contes des fées, par M. Collin de Plancy. *Paris*,

Peytieux, 1826. In-8, portr. veau fauve, dent. à froid, tr. dor. (*Piqûres d'humidité.*)

350. Histoire de Gil Blas de Santillane, par Le Sage, vignettes par Jean Gigoux. *Paris, chez Paulin,* 1835. Gr. in-8, port. frontisp. et vignettes, demi-rel. avec coins v. bleu, fil. tr. jasp.

Exemplaire non piqué et très-grand de marges.

351. Histoire de Gil Blas de Santillane, par Le Sage, nouvelle édition illustrée de dessins par MM. Célestin Nanteuil et Marckl. *Paris, P.-C. Lehuby,* 1845. In-8, figures, demi-rel. chagr. noir, ébarb.

352. Le Diable boiteux, par Le Sage, illustré par Tony Johannot, précédé d'une notice sur Le Sage, par M. Jules Janin. *Paris, Ernest Bourdin,* 1840. Gr. in-8, figures dans le texte, demi-rel. avec coins mar. bleu, fil. tête dor. *n. rog.*

PREMIER TIRAGE. Piqûres d'humidité.

353. Histoire du chevalier des Grieux et de Manon Lescaut, par l'abbé Prévost. *A Amsterdam, aux dépens de la Compagnie,* 1753 (*Paris, de Jouaust,* 1867). In-8, demi-rel. mar. r. tête dor. ébarb.

354. La Nouvelle Héloïse, ou Lettres de deux amants habitants d'une petite ville au pied des Alpes, recueillies et publiées par J.-J. Rousseau. *A Londres* (*Cazin*), 1781. 7 vol. in-18, front. et fig. veau éc. tr. dor.

Jolies figures de Moreau le jeune.

355. B. de Saint-Pierre. — Paul et Virginie. Préface par J. Janin, compositions d'Émile Lévy, gravées par Flameng. *Paris, librairie des Bibliophiles,* 1875. In-16, fig. texte encadré d'un fil. r. demi-rel. avec coins mar. brun, tête dor. n. rog. (*Bertrand.*)

356. Génie du christianisme, par M. le vicomte de

Chateaubriand. *Paris*, *Lefèvre*, 1838. In-8, demi-rel. v. f. tr. marbr.

357. Le Génie du christianisme, par F.-A. de Chateaubriand. *Paris, Furne*, *Jouvet*, *s. d.* Gr. in-8, figures, demi-rel. m. vert, tr. dor.

358. Les Martyrs, ou le Triomphe de la religion chrétienne, par F.-A. de Chateaubriand. *Paris*, *Le Normant*, 1809. 2 vol. in-8, demi-rel. v. f. tr. marbr.

359. Notre-Dame de Paris, par Victor Hugo. *Paris*, *Eug. Renduel*, 1836. In-8, figures, cart. non rogné.

360. Veillées de famille, contes instructifs et proverbes moraux, en français, en italien, en anglais et en allemand ; ouvrage nouveau, à l'usage de l'enfance et de la jeunesse de tous les pays, publié par MM. Michaud et Ch. Nodier. *Paris, Charles Allardin*, 1837. Gr. in-8, figures, demi-rel. mar. vert, tr. jasp.

361. L'Ile mystérieuse, par Jules Verne, illustrée de 154 dessins par Férat, gravés par Barbant. *Paris*, *Hetzel, s. d.* Gr. in-8, front. et fig. demi-rel. mar. rouge, plats toile, tr. dor.

---

362. Il Decamerone di messer Giov. Boccacio. *Firenze*, 1840. Gr. in-8, cart. n. r.

363. L'Ingénieux Hidalgo don Quichotte de la Manche, par Miguel de Cervantès Saavedra, traduit et annoté par Louis Viardot, vignettes de Tony Johannot. *Paris, J.-J. Dubochet*, 1836-37. 2 vol. gr. in-8, front. et fig. demi-rel. dos et coins de veau bleu, tr. marbrée.

Premier tirage, bel exemplaire, très-grand de marge et très-propre.

364. Vie et Aventures de Robinson Crusoé (par

Daniel de Foe), nouvelle édition, revue et corrigée, ornée du portr. de l'auteur et de dix-huit gravures (par Stothart). *Paris, chez Verdière*, 1821. 2 vol. in-8, portr. figures et carte, v. viol. dent. à froid sur les plats, tr. marbr. (*Thouvenin.*)

Piqûres d'humidité.

365. Voyages de Gulliver dans les contrées lointaines, par Swift, édition illustrée par Grandville. *Paris, Furne*, 1838. 2 vol. in-8, nombr. figures dans le texte, demi-rel. mar. vert, tr. jasp.

PREMIER TIRAGE. Piqûres d'humidité.

366. Œuvres de Walter Scott, trad. de l'anglais (par M. Defauconpret). *Paris, Gosselin*, 1822-1830. 60 vol. in-8, fig. demi-rel. v. br. tr. jasp.

367. Werther, par Gœthe, traduction nouvelle, précédée de considérations sur Werther, et en général sur la poésie de notre époque, par P. Leroux, accompagné d'une préface par G. Sand, dix eaux-fortes par Tony Johannot sur papier de Chine. *Paris, J. Hetzel*, 1845. Gr. in-8, fig. cart. toile, tr. dor.

---

368. Variétés littéraires, ou Recueil de pièces, tant originales que traduites, concernant la philosophie, la littérature et les arts. *Paris, imprimerie de Xhrouet, an XII*, 1804. 4 vol. in-8, demi-rel. bas. tr. jaun.

369. OEuvres de Plutarque, traduites du grec et accompagnées de notes, par D. Ricard. *Paris, J.-L.-J. Brière*, 1827. In-8, texte à 2 col. demi-rel. v. vert, tr. marb.

370. COLLECTION C.-L.-F. PANCKOUCKE. OEuvres complètes d'Horace. 2 vol. — Salluste. 2 vol. — Claudien. 2 vol. — Jules César. 3 vol. — Cornélius Népos. 1 vol. — Cicéron. 1 vol. — Histoire

d'Alexandre le Grand. 3 vol. Ens. 14 vol. demi-rel. v. de différentes couleurs.

371. OEuvres de Chapelle et Bachaumont, nouvelle édition, revue et corrigée sur les meilleurs textes, notamment sur l'édition de 1732, précédée d'une notice par M. Tenant de Latour. *A Paris, chez P. Janet,* 1854. In-16, cart. perc. n. rog.

372. OEuvres complètes de la Fontaine, ornées de trente vignettes dessinées par Devéria, et gravées par Thompson. *Paris, Baudoin,* 1826. In-8, port. et vign. demi-rel. veau brun.

Édition imprimée par H. de Balzac. Belles épreuves des vignettes.

373. OEuvres complètes de J. de la Fontaine, avec des notes et une nouvelle notice sur sa vie, par M. C.-A. Walckenaer. *Paris, chez Lefèvre,* 1838. 2 vol. in-8, demi-rel. v. viol. tr. jasp.

374. OEuvres complètes de Voltaire, avec des avertissements et des notes par Condorcet ; édition procurée par les soins de Decroix et sous la direction typographique de Letellier. *De l'imprimerie de la Société typographique (à Kehl),* 1784-89. 70 vol. in-8, demi-rel. toile, tr. jasp.

375. OEuvres complètes de Voltaire, avec des notes et une notice sur la vie de Voltaire. *Paris, Furne,* 1835-38, 13 vol. gr. in-8, portr. et fig. demi-rel. dos et coins de veau rouge, tr. marbr.

Figures de Moreau le jeune, Marckl, Lefèvre, etc.

376. OEuvres complètes de Chamfort, recueillies et publiées avec une notice historique sur la vie et les écrits de l'auteur, par P.-R. Auguis. *Paris, Chaumerot jeune,* 1824-25. 5 vol. in-8, demi-rel. v. brun, tr. marbr.

377. OEuvres complètes de J.-H. Bernardin de Saint-Pierre, nouvelle édition, revue, corrigée et

augmentée par L. Aimé-Martin. *Paris*, *P. Dupont*, 1826. 12 vol. in-8, fig. demi-rel. veau brun.

378. OEuvres de Jacques Delille. *Paris, Giguet et Michaud* (1803, *an XI*), 1811. 17 vol. in-8, fig. cart. n. rog.

379. OEuvres complètes de M. de Lamartine. Harmonies. — La Chute d'un Ange. — Méditations. *Paris, Charles Gosselin*, 1847. 3 vol. in-8, figures et portr. de l'auteur, demi-rel. mar. brun, tr. jasp.

380. OEuvres de Gesner. *A Paris, s. d.* 2 vol. in-8, titre gravé, portr. et figures, veau éc. fil. tr. jaune.

381. Germania, recueil en prose et en vers de littérature allemande, par J. Savoye. *Paris*, *A. Derache*, 1844-45. 2 vol. in-8, demi-rel. mar. viol. dos orn. tr. jasp.

382. Schillers sämmtliche Werke, in einen Bande. *Stuttgart*, 1840. Gr. in-8, portr. et fig. chagrin noir jans. tr. dor.

383. Garcin de Tassy. La Poésie philosophique et religieuse chez les Persans. Le langage des oiseaux. *Paris, imprimerie de J. Dubuisson*, 1856. In-8 de 70 pages. — La Doctrine de l'Amour, ou Taj-Ulmuluk et Bakawali, roman de philosophie religieuse, par Nihal Chand de Dehli, traduit de l'hindoustani par M. Garcin de Tassy. *Paris, Benjamin Duprat*, 1858. — Les Auteurs hindoustanis et leurs ouvrages, d'après les biographies originales. *Paris, Ernest Thorin*, 1868. — Mémoire sur les particularités de la religion musulmane dans l'Inde, d'après les ouvrages hindoustanis. *Paris, Adolphe Labitte*, 1869. — La Langue et la Littérature hindoustanies en 1871, revue

annuelle. *Paris, Maisonneuve*, 1872. In-8 de 83 pages. Ensemble 5 ouvrages réunis en 1 vol. in-8, demi-rel. v. f. tr. peign.

HISTOIRE

I. GÉOGRAPHIE, VOYAGES.

384. Bulletin de la Société de géographie. *Paris, Arthus Bertrand*, 1830 à 1880. 96 vol. in-8, cartes, br.

Le tome XVI est incomplet des trois premières feuilles.

385. Strabonis Rerum geographicarum libri XVII (gr. et lat.). Accedunt huic editioni ad Casauboniana III expressæ, notæ integræ G. Xylandri, Is. Casauboni et aliorum ; subjiciuntur chrestomathiæ gr. et lat. (cura Theod. Janssonii ab Almeloveen). *Amstelædami, Jo. Wolsers*, 1707. Un fort vol. pet. in-fol.

Une des meilleures éditions que l'on ait de cet auteur.

386. Géographie ancienne abrégée, par M. d'Anville, avec les cartes géographiques nécessaires pour en faciliter l'intelligence. *A Paris, chez P.-Théophile Barrois*, 1782. 3 vol. in-12, frontisp., cartes, v. brun, dent. à froid sur les plats, tr. marb.

387. Précis de la géographie universelle, ou Description de toutes les parties du monde sur un plan nouveau, d'après les grandes divisions na-

turelles du globe, par M. Malte-Brun. *Paris*, *Fr. Buisson*, 1810-29. 8 vol. in-8 et atlas in-4, demi-rel. v. rose, tr. marb.

388. Dictionnaire universel d'histoire et de géographie, par M. N. Bouillet. *Paris, L. Hachette*, 1849. 2 vol. gr. in-8, demi-rel. chagr. viol. tr. jasp.

389. Atlas universel d'histoire et de géographie, contenant la chronologie, la généalogie, la géographie, par M. N. Bouillet. *Paris*, *Hachette*, 1865. In-8, tables et cartes, demi-rel. chagr. viol. tr. jasp.

390. Nouvelle Géographie universelle : la Terre et les Hommes, par Élisée Reclus. *Paris, Hachette,* 1875-80. 5 vol. in-4, nombreuses fig. et cartes, demi-rel. dos et coins de maroq. brun, tête dor. ébarb.

Collection complète des volumes parus : Europe méridionale; — France; — Europe centrale; — Europe du Nord-Ouest et Europe scandinave et russe.

391. Géographie illustrée de la France et de ses colonies, par Jules Verne. *Paris, J. Hetzel*, *s. d.* In-4, texte à 2 col. figures, demi-rel. mar. vert, tr. peign.

392. Atlas universel de géographie physique, politique, ancienne et moderne, contenant les cartes générales et particulières de toutes les parties du monde, dressé par A. Brué; nouvelle édition, revue par E. Levasseur. *Paris, Ch. Delagrave,* 1876. In-fol. demi-rel. mar. vert.

393. Abrégé de l'histoire générale des voyages, par J.-F. Laharpe. *Paris, Etienne Ledoux,* 1820. 24 vol. in-8, demi-rel. v. fauve, tr. marbr. et atlas.

394. Abrégé des voyages modernes, depuis 1780

jusqu'à nos jours, par M. Eyriès. *Paris*, *E. Ledoux*, 8122-24. 14 vol. in-8, demi-rel. veau brun.

395. Recueil de Voyages et de mémoires, publié par la Société de géographie. *Paris, imprimerie d'Éverat,* 1824-1836. 6 tomes en 5 vol. in-4, cartes, demi-rel. v. vert, dos orn. tr. marbr.

396. Périple de Marcien d'Héraclée, Epitome d'Artémidore, Isidore de Charax, etc., ou Supplément aux dernières éditions des Petits Géographes, d'après un manuscrit grec de la Bibliothèque royale avec une carte, par E. Miller. *Paris, Impr. royale*, 1839. In-8, carte, br.

Envoi autographe de l'auteur à M. J. Labarte.

397. Voyage autour du monde, par le comte de Beauvoir (Australie, Java, Siam, Pékin, Yeddo, San-Francisco). Ouvrages enrichis de cartes et de photographies. *Paris, H. Plon,* 1869-72. 3 vol. in-12, fig. et cartes, demi-rel. mar. brun, tr. peign.

398. Voyage dans les départements du midi de la France, par Aubin-Louis Millin. *Paris, Impr. royale,* 1807-11. 5 vol. in-8, et atlas in-4, demi-rel. v. vert, tr. marbr.

399. The Tourist in France, by Thomas Roscoe, illustrated from drawings by J. D. Harding. *London, Jennings*, 1834. In-8, mar. vert, dent. à fr. tr. dor.

400. Lettres d'un voyageur à l'embouchure de la Seine, contenant des détails historiques, anecdotiques et statistiques sur les contrées de la Normandie connues sous le nom de Pays de Caux, de Lieuvin et de Roumois, par M. A.-M. de Saint-Amand. *Paris*, *Guibert,* 1828. In-8, fig. col. et carte, demi-rel. veau, vert.

401. Dresde, Paris, Rome, Florence, Montpellier, par Léon Curmer. *Paris, Aug. Aubry*, 1863. Gr. in-8, fig. et photogr. demi-rel. dos et coins de mar. rouge, tête dor. éb.

Tiré à 109 exemplaires. Figures AVANT LA LETTRE SUR CHINE. Envoi autographe à M. J. Labarte.

402. The Rhine Italy and Greece, in a series of drawings from nature by colonel Cockburn, major Irton, Messrs. Bartlett, etc., with historical and legendary descriptions by the Rev. G. N. Wright. *London, Fisher, s. d.*, 2 vol. in-4, fig. cart. toiles tr. dor.

403. Voyage littéraire de deux religieux bénédictins de la congrégation de Saint-Maur (D. Martène et D. Durand). *Paris*, 1717 et 1724. 2 vol. in-4, v. ant.

404. Voyages historiques et littéraires en Italie pendant les années 1826 à 1828, ou l'Indicateur italien, par M. Valery. *Paris, chez Le Normant*, 1831-33. 5 vol. in-8, demi-rel. v. vert, tr. marbr.

405. Excursion en Italie, par Adolphe Lance, 15 eaux-fortes, par Léon Gaucherel. *Paris, veuve Morel*, 1873. Gr. in-8, fig. br.

406. Souvenirs de la Sicile, par M. le comte de Forbin. *Paris, Impr. royale*, 1823. In-8, fig. veau brun, dent. à froid et fil. tr. marbr.

407. Tableau de la mer Baltique, considérée sous les rapports physiques, géographiques, historiques et commerciaux, avec une carte et des notices détaillées, par J.-B. Catteau-Calleville. *A Paris, chez Pillet*, 1812. 2 vol. in-8, carte, demi-rel. bas. tr. jans.

408. Les Observations de plusieurs singularitez et choses mémorables trouvées en Grèce, Asie,

Judée, Égypte, Arabie et autres pays estranges, rédigées en trois livres, par P. Belon du Mans ; reueuz de nouveau et augmentez de figures. *Paris, H. de Marnef*, 1588. In-4, fig. et carte, demi-rel. veau fauve.

Edition imprimée en lettres rondes ; elle contient une grande carte des îles de Lemnos et du mont Athos, qui ne se trouve pas dans les autres.

409. Voyages faits principalement en Asie dans les XIIe, XIIIe, XIVe et XVe siècles, par Benjamin de Tudelle, etc., accompagnés de l'histoire des Sarasins et des Tartares et précédés d'une introduction concernant les voyages et les nouvelles découvertes des principaux voyageurs, par Pierre Bergeron. *A la Haye, chez Jean Neaulme*, 1735. 2 tomes en 1 vol. in-4, v. ant.

410. Voyage en Orient, par Roger de Scitivaux, précédé d'une notice, par M. le comte de Ludre, orné de 20 lithographies d'après les dessins de l'auteur, par Jules Laurens. *Paris, veuve A. Morel*, 1873. In-fol. pl. br.

411. Histoire et voyage de la Terre-Sainte, où tout ce qu'il y a de plus remarquable dans les saints lieux est très-exactement descrit, par le R. P. Jacques Goujon. *Lyon, chez Pierre Compagnon et Robert Taillandier*, 1672. In-4, fig. v. ant.

Ouvrage rare.

412. Voyage en Arménie et en Perse, fait dans les années 1805 et 1806, par P. Amédée Jaubert. *Paris, chez Pélicier,* 1821. In-8, carte et figures, cart. non rog.

413. Relation des voyages faits par les Arabes et les Persans dans l'Inde et à la Chine dans le IXe siècle de l'ère chrétienne, texte arabe imprimé en 1811, par les soins de feu Langlès, publié avec des corrections et additions, etc., par

M. Reinaud. *Paris, Impr. nationale,* 1845. 2 vol. in-18, br.

Texte arabe et traduction.

414. Voyage dans l'Inde au travers du grand désert, par Alep, Antioche et Bassora, exécuté par le major Taylor, traduit et enrichi de notes explicatives et critiques, par L. de Grandpré. *Paris, Bachelier,* 1807. 2 vol. in-8, carte, bas.

415. L'Inde des Rajahs, voyage dans l'Inde centrale, dans les présidences de Bombay et du Bengale, par Louis Rousselet; ouvrage contenant 317 gravures sur bois, dessinées par nos plus célèbres artistes, et six cartes. *Paris, Hachette,* 1875. Gr. in-4, fig. br.

416. L'Égypte à petites journées, études et souvenirs, par Arthur Rhoné. Le Kaire et ses environs. *Paris, E. Leroux,* 1877. Gr. in-8, fig. br.

417. Au Cœur de l'Afrique, 1868-71. Voyages et découvertes dans les régions inexplorées de l'Afrique centrale, par le docteur Georges Schweinfurth. *Paris, Hachette,* 1875. 2 vol. gr. in-8, figures et cartes demi-rel. mar. vert, tr. dor.

418. Voyage au Congo et dans l'intérieur de l'Afrique équinoxiale fait dans les années 1828, 1829 et 1830, par J.-B. Douville. *Paris, Jules Renouard,* 1832. 3 vol. in-8 et atlas in-4, de pl. noires et col. demi-rel. v. vert, tr. marbr.

419. Dernier Journal du docteur David Livingstone, relatant ses explorations et découvertes de 1866 à 1873; ouvrage traduit de l'anglais, avec l'autorisation des éditeurs, par Mme H. Loreau. *Paris, Hachette,* 1876. 2 vol. in-8, portr. fig. et cartes, demi-rel. chagr. vert, plats toile, tr. dor.

420. Journal d'une expédition entreprise dans le but d'explorer le cours de l'embouchure du Niger, ou relation d'un voyage sur cette rivière depuis Yaourie jusqu'à son embouchure, par Richard et John Lander, traduit de l'anglais par Mme Louise Sw. Belloc. *Paris*, *Paulin*, 1832. 3 vol. in-8, figures et cartes, demi-rel. v. brun, tr. marbr.

II. CHRONOLOGIE, HISTOIRE UNIVERSELLE, HISTOIRE ANCIENNE.

421. L'Art de vérifier les dates des faits historiques, des chartres, des chroniques et autres anciens monuments, depuis la naissance de Notre-Seigneur. *A Paris, chez Alexandre Jombert jeune*, 1783-87. 3 vol. in-fol. v. ant. fil.

422. Histoire universelle, ancienne et moderne, par M. le comte de Ségur; avec atlas, par P. Tardieu. *Paris*, *A. Eymery*, 1821-22. 10 vol. in-8 et atlas, veau porph.

423. Manuel de l'histoire ancienne, considérée sous le rapport des constitutions, du commerce et des colonies des divers États dans l'antiquité, traduit de l'allemand de Heeren, par Al. Thurot. *Paris, Didot,* 1836. In-8, demi-rel. veau fauve.

---

424. Choix des Historiens grecs, avec notices biographiques, par J.-A.-C. Buchon. *Paris*, *Auguste Desrez*, 1840. Gr. in-8, texte à 2 col. demi-rel. mar. vert, tr. jasp.

425. Diversarum gentium historiæ antiquæ scriptores tres, recensuit et observationibus illustravit... *Hamburgi, M. Heringius*, 1611. In-4, vélin.

426. Histoires d'Hérodote, traduction nouvelle, avec une introduction et des notes, par P. Giguet. *Paris, Hachette*, 1860. In-12, demi-rel. v. fauv. tr. jasp.

427. Œuvres complètes de Thucydide et de Xénophon, avec notices biographiques, par J.-A.-C. Buchon. *Paris, A. Desrez*, 1840. Gr. in-8, demi-rel. veau rouge.

428. Voyage du jeune Anacharsis en Grèce, vers le milieu du XIVe siècle avant l'ère vulgaire, par Jean-Jacq. Barthélemy. *Paris, impr. de Didot jeune, l'an VII*. 7 vol. in-8, avec atlas, portr. demi-rel. mar. la Vall. tr. jasp.

429. Corpus scriptorum historiæ Byzantinæ, editio emendatior et copiosior, consilio B.-G. Niebuhri instituto, opera ejusdem Niebuhri, Imm. Bekkeri, L. Schopeni, G. Dindorfii aliorumque philologorum parata. *Bonnæ, Weber*, 1828-43. 13 vol. in-8, demi-rel. mar. noir.

Ces 13 volumes renferment les auteurs suivants : L. Diaconus, 1 vol. Constantinus Porphyrogenitus, cum commentario J.-J. Reiskii, 3 vol. Procopius, 3 vol. Paulus Silentiarius, Descriptio, 1 vol. Georgius Cedrenus, 2 vol. Theophanes continuatus, 1 vol. Codinus Curopalata, 1 vol. et Georgius Codinus, 1 vol.

430. Historia Byzantina duplici commentario illustrata, prior familias ac stemmata imperatorum Constantinopolitanorum, cum eorumdem Augustorum numismatibus et aliquot iconibus, etc., auctore Carol. du Fresne, domino du Cange. *Venetiis*, 1729. 2 part. en un vol. in-fol. demi-rel. mar. vert.

Mouillure à la fin du volume.

431. Imperium orientale, sive Antiquitates constantinopolitanæ, in quatuor partes distributæ; opera

et studio domni Anselmi Banduri. *Parisiis, J.-B. Coignard,* 1711. 4 part. en 2 vol. in-fol. fig. vél.

432. ANEKΔOTA, ou Histoire secrète de Justinien, traduite de Procope, avec notice sur l'auteur et notes philologiques et historiques. Géographie du VI° siècle et revision de la numismatique d'après le livre de Justinien, avec figures, cartes et cinq tables, par M. Isambert. *Paris, F. Didot,* 1856. In-8, fig. et cartes, demi-rel. chag. bleu.

433. L'Empire grec au dixième siècle : Constantin Porphyrogénète, par Alfr. Rambaud. *Paris, Franck,* 1870. Gr. in-8, demi-rel. mar. grenat, tête dor. éb. (*A. Bertrand.*)

434. Histoire de Constantinople depuis le règne de l'ancien Justin jusqu'à la fin de l'Empire, traduite sur les originaux grecs, par M. Cousin. *A Paris, en la boutique de Pierre Rocolet chez Damien Foucault,* 1672-74. 8 vol. in-4, v. ant. tr. jasp.

435. Exuviæ sacræ Constantinopolitanæ. Fasciculus documentorum minorum ad byzantina lipsana in Occidentem seculo XIII translata spectantium. *Genevæ,* 1877. 2 vol. in-8, br.

436. De la Conqueste de Constantinople, par Joffroi de Villehardouin et Henri de Valenciennes, édition faite sur des manuscrits nouvellement reconnus et accompagnée de notes et commentaires, par M. Paulin Paris. *Paris, J. Renouard* (*impr. Crapelet*), 1838. In-8, demi-rel. veau bleu.

437. La Conquête de Constantinople de Geoffroy de Ville-Hardouin, publiée par M. Natalis de Wailly. — Éclaircissements. *Paris, Firmin-Didot frères, fils,* 1874. Gr. in-8, figures, demi-rel. avec coins mar. r. tête dor. ébarbé.

438. Recueil des historiens des croisades, publié par les soins de l'Académie des inscriptions et belles-lettres. *Paris, Impr. nationale*, 1872-75. 2 vol. in-fol. br.

---

439. Histoire de Jules César (par Napoléon III). *Paris, Impr. impériale*, 1865. 2 vol. gr. in-4, pl. *brochés.*

440. Tacite, nouvelle traduction par M. J.-B.-J.-R. Dureau de Lamalle. *Paris, chez H. Nicolle,* 1808. 5 vol. in-8, cart. n. rog.

441. Histoire des révolutions de la République romaine, par Vertot. *Paris, Jean-François Bastien, an IV.* 3 vol. in-8, cart. n. rog.

442. Histoire romaine. Première partie : la République, par M. Michelet, deuxième édition, revue et augmentée. *Paris, Hachette,* 1833. 2 vol. in-8, demi-rel. veau.

443. Rome au siècle d'Auguste, ou Voyage d'un Gaulois à Rome, à l'époque du règne d'Auguste, et pendant une partie du règne de Tibère, précédé d'une description de Rome aux époques d'Auguste et de Tibère par Ch. Dezobry. *Paris, Dezobry,* 1846-47. 4 vol. in-8, fig. tête cart. demi-rel. mar. rouge.

444. Thierry (Amédée). Tableau de l'Empire romain, depuis la fondation de Rome jusqu'à la fin du gouvernement impérial en Occident. — Histoire de la Gaule sous la domination romaine. *Paris, Didier,* 1866-72. Ens. 3 vol. in-8, br.

445. Nouveaux Récits de l'histoire romaine aux IVe et Ve siècles. Trois ministres des fils de Théodose, Rufin, Eutrope, Stilicon, par Amédée Thierry. *Paris, Didier,* 1865. In-8, demi-rel. mar. brun, tr. peign.

446. Alexii Comnenis, Romanorum imperatori, ad Robertum I, Flandriæ comitem, epistola spuria. *Genevæ*, 1879. In-8, br.

447. Histoire d'Attila et de ses successeurs, jusqu'à l'établissement des Hongrois en Europe, suivie des légendes et traditions, par M. Amédée Thierry. *Paris, Didier*, 1874. 2 vol. in-8, br.

448. Manuel d'histoire ancienne de l'Orient jusqu'aux guerres médiques, par François Lenormant. *Paris, A. Lévy fils*, 1868. 2 vol. in-12, demi-rel. mar. bleu, tr. peign.

449. Histoire ancienne des peuples de l'Orient, par G. Maspero. *Paris, Hachette*, 1875. In-12, demi-rel. mar. rouge, tête dor. éb.

450. Traités de paix et de commerce et documents divers concernant les relations des chrétiens avec les Arabes de l'Afrique septentrionale au moyen âge, recueillis par ordre de l'empereur et publiés avec une introduction historique, par M. L. de Mas-Latrie. *Paris, Henri Plon*, 1868. In-4, br. avec supplément et table.

451. Relations politiques et commerciales de l'empire romain avec l'Asie orientale pendant les premiers siècles de l'ère chrétienne, par M. Reinaud. *Paris, Imprimerie impériale*, 1863. In-8, cartes, br.

Lettre autographe de l'auteur à M. J. Labarte.

III. HISTOIRE DE FRANCE.

452. Dictionnaire topographique de la France, départements d'Eure-et-Loir, Yonne, Meurthe, Basses-Pyrénées, Hérault, Nièvre, Haut-Rhin, Gard, Morbihan, Aisne, Meuse, Dordogne, Mo-

selle, Aube, Mayenne et Eure. — Répertoire archéologique de la France, départements de l'Aube, Oise, Morbihan, Nièvre, Tarn, Yonne, Seine-Inférieure. *Paris, Imprimerie nationale*, 1861-78. 23 vol. in-4, br.

453. Le Cérémonial françois, contenant les cérémonies observées en France aux sacres et couronnemens de roys et de reynes, etc., recueilly par Th. Godefroy et mis en lumière, par D. Godefroy. *Paris, Séb. Cramoisy*, 1649. 2 vol. in-fol. veau brun.

454. Recherches sur les drapeanx français, oriflamme, bannière de France, marques nationales, couleurs du Roi, drapeaux de l'armée, pavillons de la marine, par G. Desjardins. *Paris, veuve A. Morel*, 1874. Gr. in-8, front. et fig. en couleurs, demi-rel. mar. rouge, tête dor. éb.

455. Historiæ Francorum scriptores coætanei ab ipsius gentis origine ad Pipinum usque regem, etc., par André du Chesne. *Lutetiæ Parisiorum, Séb. Cramoisy*, 1636-49. 5 vol. in-fol. demi-rel. dos et coins de mar. vert, tr. jasp.

456. Collection des chroniques nationales françaises écrites en langue vulgaire du xiiie au xvie siècle, avec notes et éclaircissements, par J.-A. Buchon. *Paris, Verdière*, 1826-28. 32 vol. in-8, demi-rel. v. fauve, tr. marbr.

457. Nouvelle Collection des mémoires pour servir à l'histoire de France, depuis la fin du xiiie siècle jusqu'à la fin du xviiie siècle, etc., par MM. Michaud et Poujoulat. *Paris*, 1836-38 (tomes I à V). 5 vol. gr. in-8, demi-rel. veau fauve.

458. Collection de documents inédits sur l'histoire de France, publiés par les soins du ministre de l'instruction publique. *Paris, impr. de Crapelet*

et Impr. nationale, 1837-1880. 9 vol. in-4, cart. non rog.

Ces volumes contiennent : Règlement sur les arts et métiers de Paris ; Monographie de l'église Notre-Dame de Noyon ; le Livre du trésor ; Etudes sur les monuments de l'architecture militaire des Croisés en Syrie ; Mandements et actes divers de Charles V ; Inventaire du mobilier de Charles V ; le Livre des pseaumes ; Etudes sur les sarcophages chrétiens de la ville d'Arles, in-fol., et Lettres de Jean Chapelain.

459. Fastes de la nation française, ou Tableaux pittoresques, gravés par d'habiles artistes, accompagnés d'un texte historique explicatif, par Ternisien-d'Haudricourt. *Paris, Potier, an XII*. In-4, fig. demi-rel.

PAPIER VÉLIN. Ouvrage entièrement gravé et orné d'une vignette en tête de chaque page ; tome Ier.

460. Histoire des Gaulois depuis les temps les plus reculés jusqu'à l'entière soumission de la Gaule à la domination romaine, par M. Amédée Thierry. *Paris, Didier*, 1863. 2 vol. in-12, demi-rel. mar. vert, tr. peign.

461. Histoire de France depuis les Gaulois jusqu'à la mort de Louis XVI, par Anquetil, nouvelle édition, revue et continuée jusqu'à nos jours, par Louis de Mas-Latrie. *Paris, veuve Desbleds*, 1845. 6 vol. in-8, fig. demi-rel. mar. tr. jasp.

462. Histoire militaire de la France, par P. Giguet. *Paris, L. Hachette*, 1849. 2 vol. in-8, demi-rel. mar. r. tr. jasp.

463. Bibliothèque historique et militaire, dédiée à l'armée et à la garde nationale de France, publiée par MM. Ch. Liskenne et Sauvan. *Paris, Anselin*, 1835-40. 6 vol. gr. in-8, cart. texte à 2 col. demi-rel. mar. r. tr. jasp.

464. Histoire de France, par M. Laurentie, troisième édition, revue et corrigée. *Paris, Ed. Lagny*, 1867. 8 vol. in-8, cart. toile, tr. dor.

465. Abrégé chronologique des grands fiefs de la

couronne de France, avec la chronologie des princes et seigneurs qui les ont possédés jusqu'à la réunion à la Couronne. *Paris*, *Desaint et Saillant,* 1759. In-8, v. éc. fil. tr. marbr.

466. Tableaux généalogiques des souverains de la France et de ses grands feudataires, par Ed. Garnier. *Paris, L. Hérold*, 1863. In-4, demi-rel. avec coins, mar. r. tête dor. éb.

467. Archéologie celtique et gauloise, mémoires et documents relatifs aux premiers temps de notre histoire nationale, par Alexandre Bertrand. *Paris, Didier,* 1876. In-8, fig. br.

468. La Trustis et l'antrustion royale sous les deux premières races, par Maximin Deloche. *Paris, Impr. nationale*, 1873. Gr. in-8, br.

Envoi autographe de l'auteur à M. Jules Labarte.

469. Essai sur le système des divisions territoriales de la Gaule, depuis l'âge romain jusqu'à la fin de la dynastie carlovingienne, par M. B. Guérard. *Paris, Impr. royale*, 1822. In-8, demi-rel. v. brun, non rog.

470. Précis d'une histoire générale de la vie privée des François dans tous les temps et dans toutes les provinces de la monarchie, (par Contant-Durville). *Paris,* 1779. In-8, veau marbr.

471. Histoire de la vie privée des Français, depuis l'origine de la nation jusqu'à nos jours, par Legrand d'Aussy. *Paris, impr. de Ph.-D. Pierres*, 1782. 3 vol. in-8, demi-rel. bas.

472. Tableau historique des monuments, costumes et usages des Français, depuis les Gaulois jusqu'à nos jours. *Paris, chez Thiériot et Belin*, 1824. In-12, figures, demi-rel. maroq. viol. tr. peign.

473. Anastasis Childerici I, Francorum regis, sive Thesaurus sepulchralis Tornaci Nerviorum effossus, et commentario illustratus auctore J.-J. Chifletio. *Antuerpiæ, ex officina Plantiniana*, 1655. In-4, pl. vélin.

474. Commentarii de rebus Franciæ orientalis et episcopatus Wirceburgensis, in quibus regum, imperatorum Franciæ veteris, Germaniæque episcoporum Wirceburgensium et ducum Franciæ orientalis gesta ex scriptoribus, bullis et diplomatibus genuinis, sigillis, nummis, gemmis, veteribus picturis, monumentisque aliis exponuntur et figuris æri incisis illustrantur, auctore J. G. ab Eckhart. *Wirceburgi*, 1729. 2 vol. in-4, portr. et pl. veau rac.

475. Histoire de France sous les règnes de saint Louis, de Philippe de Valois, du roi Jean, de Charles V et de Charles VI, par M. l'abbé de Choisy. *A Paris, chez Didot*, 1750. 4 vol. in-12, v. ant.

476. Jean, sire de Joinville. Histoire de saint Louis, Credo et Lettre à Louis X, texte original accompagné d'une traduction par M. Natalis de Wailly. *Paris, Didot*, 1874. In-4, figures, demi-rel. dos et coins de mar. rouge, tête dor. ébarb. (*Ad. Bertrand.*)

Exemplaire d'auteur, tiré sur PAPIER WHATMAN et non mis dans le commerce.

477. Saint Louis et son temps, par H. Wallon. *Paris, Hachette*, 1875. 2 vol. in-8, demi-rel. mar. bleu, tête dor. ébarb. (*Bertrand.*)

478. Les Chroniques de sire Jean Froissart, qui traitent des merveilleuses emprises, nobles aventures et faits d'armes advenus en son temps, par J.-A.-C. Buchon. *Paris, A. Desrez*, 1835. 3 vol.

gr. in-8, texte à 2 col. demi-rel. veau fauve, tr. marbr.

479. Histoire de Bertrand du Guesclin et de son époque, par Siméon Luce. *Paris, Hachette*, 1876. In-8, br.

480. Histoire des Français des divers états, ou Histoire de France aux cinq derniers siècles, par Amans-Alexis Monteil. *Paris*, *W. Coquebert*, 1846-47. 5 vol. in-8, demi-rel. maroq. vert, tr. jasp.

481. Jeanne d'Arc, par H. Wallon; édition illustrée d'après les monuments de l'art, depuis le xve siècle jusqu'à nos jours. *Paris*, *Firmin-Didot*, 1876. Gr. in-8, fig. en couleurs, demi-rel. avec coins maroq. rouge, dos orné, fil. tête dor. ébarbé.

482. Comptes de l'argenterie des rois de France au xive siècle, par L. Douet-d'Arcq. — Nouveau Recueil de comptes de l'argenterie des rois de France, par L. Douet d'Arcq. *Paris, Renouard*, 1851-74. 2 vol. in-8, demi-rel. veau fauve.

De la collection de l'histoire de France.

483. Comptes de l'hôtel des rois de France aux xive et xve siècles, publiés pour la Société de l'histoire de France, par M. L. Douet-d'Arcq. *Paris, veuve Renouard*, 1865. In-8, demi-rel. veau fauve.

484. Histoire de France pendant les guerres de religion, par Charles Lacretelle; deuxième édition. *Paris*, *Delaunay*, 1822. 4 vol. in-8. — Histoire de France pendant le xviiie siècle, par Ch. Lacretelle; cinquième édition. *Paris*, *Delaunay*, 1830. 6 vol. in-8. Ensemble 10 vol. in-8, demi-rel. veau brun, tr. marbrée.

485. Les Amours du cardinal de Richelieu, roman

inédit de l'hôtel de Rambouillet. *Paris, Henri Plon*, 1870. In-16 de 70 pp. demi-rel. cuir de R. tête dor. ébarb.

486. Abraham du Quesne et la marine de son temps, par A. Jal. *Paris, Henri Plon*, 1873. 2 vol. gr. in-8, figures, br.

487. Mémoires pour servir à l'histoire de France sous Napoléon, écrits à Sainte-Hélène par les généraux qui ont partagé sa captivité, et publiés sur les manuscrits entièrement corrigés de la main de Napoléon. *Paris, Firmin-Didot père et fils*, 1823-25. 8 vol. in-8, cart. n. rog.

488. Histoire de l'Assemblée constituante, par M. Ch. Lacretelle; nouvelle édition. *Paris, Treuttel et Würtz*, 1824-44. 8 vol. in-8, demi-rel. chagr. vert.

489. Tableau des guerres de la Révolution, de 1792 à 1815, par M. P.-G., ouvrage aceompagné de vingt cartes géographiques et orné de trente portraits de généraux. *Paris, Paulin*, 1838. Gr. in-8, portr. et cartes, demi-rel. mar. vert.

490. Considérations sur les principaux évènements de la Révolution françoise, ouvrage posthume de madame la baronne de Staël, publié par M. le duc de Broglie et M. le baron de Staël. *Paris, Delaunay*, 1818. 3 vol. in-8, demi-rel. v. f. tr. marbr.

491. Inventaire des diamants de la Couronne, perles, pierreries, tableaux, pierres gravées et autres monuments des arts et des sciences existants au garde-meuble (seconde partie). *Paris, Impr. nationale*, 1791. In-8, demi-rel. v. f. tr. jasp.

492. Mémoires de madame de Rémusat, 1802-1808, publiés avec une préface et des notes par son

petit-fils Paul de Rémusat, douzième édition. *Paris*, *C. Lévy*, 1880. 3 vol. in-8, br.

493. Histoire de Napoléon, par M. de Norvins, ornée de portraits, vignettes, cartes et plans. *Paris*, *Ambr. Tardieu*, 1827. 4 vol. in-8, portr. fig. et cartes, demi-rel. veau bleu.

---

494. Histoire générale de Paris. Plan de restitution. Paris en 1380, par H. Legrand. *Paris*, *Impr. impériale*, 1868, in-4, dans un étui.

495. Plan de Paris, dressé géométriquement en 1649 et publié en 1652, par Jacques Gomboust; avec le texte, les vues et les ornements qui accompagnent quelques exemplaires; augmenté d'une feuille d'assemblage pour faciliter les recherches, gravé en fac-similé par Lebel et publié par la Société des bibliophiles françois. *Paris*, *Techener*, 1858, in-fol. cart.

496. Histoire générale de Paris. Paris et ses historiens au XIVe et XVe siècles, documents et écrits originaux recueillis et commentés par Le Roux de Lincy et L.-M. Tisserand. *Paris, Impr. impériale,* 1867. In-4, fig. et pl. cart. n. r.

497. Les Antiquitez, croniques et singularitez de Paris, ville capitale du royaume de France, auec les fondations et bastiments des lieux, les sépulchres et épitaphes des princes, princesses et autres personnes illustres, par Gilles Corrozet. *Paris*, *Nicolas Bonfons*, 1586. 2 part. en un vol. pet. in-8, fig. v. jasp. fil.

Bel exemplaire de l'une des meilleures éditions.

498. Histoire et recherches des antiquités de la ville de Paris, par M. H. Sauval. *Paris, Ch. Moette et J. Chardon*, 1724. 3 vol. in-fol. veau brun.

Bel exemplaire.

499. Histoire de la ville et de tout le diocèse de Paris, par l'abbé Lebeuf, nouvelle édition annotée et continuée jusqu'à nos jours, par Hippolyte Cocheris. *Paris, Auguste Durand*, 1863-70. 4 vol. in-8, br.

500. Dictionnaire historique de Paris, par A. Béraud et P. Dufey. *Paris, Libr. nationale et étrangère*, 1825. 2 vol. in-8, figures et plan, demi-rel. v. brun, tr. marbr.

501. Paris sous Philippe le Bel, d'après des documents originaux et notamment d'après un manuscrit contenant le rôle de la taille imposée sur les habitants de Paris, publié pour la première fois par H. Giraud. *Paris, impr. Crapelet*, 1837. In-4, cart. n. r.

502. Règlements sur les arts et métiers de Paris, rédigés au XIIIe siècle et connus sous le nom du Livre des métiers d'Etienne Boileau, publiés pour la première fois en entier par G.-B. Depping. *Paris, impr. Crapelet*, 1837. In-4, cart. n. r.

503. Observations sur les principaux monuments et établissements publics de Paris, par un solitaire (Leleux). *Paris. A. Leleux*, 1863. In-12, figures dans le texte, cart.

Curieuse lettre d'envoi de l'auteur à M. J. Labarte.

504. Histoire de la Sainte-Chapelle royale du Palais, enrichie, par M. S.-J. Morand. *Paris, Clousier*, 1790. In-4, pl. veau brun. dent. tr. marbrée.

Exemplaire sur PAPIER VÉLIN.

505. Le Château du Bois de Boulogne, dit château de Madrid, étude sur les arts au XVIe siècle, par le comte de Laborde. *Paris, Dumoulin*, 1835. Gr. in-8 de 80 pp., tiré sur papier de Hollande, cart. ébarb.

Tiré à petit nombre.

506. Journal du siège de Paris, décrets, proclamations, circulaires, rapports, etc., publiés par Georges d'Heilly. *Paris, Librairie générale, s. d.* 3 vol. gr. in-8, br.

507. Journal des Deux-Mondes pendant le siège de Paris, par Gaston Mitchell. *Paris,* 1871. In-8, demi-rel. chagr. vert.

508. Histoire de l'abbaye de S. Denys en France, contenant les antiquitez d'icelle, les fondations, prérogatives et privilèges; ensemble les tombeaux et épitaphes des roys, reynes, enfans de France et autres signalez personnages qui s'y trouent iusques à présent ; le tout recueilly de plusieurs histoires, bulles des papes et chartes des roys, princes et autres documents authentiques, par F.-Jacques Doublet. *Paris, Michel Soly,* 1621.

509. Histoire de l'Abbaye royale de saint Denys en France, par dom Michel Félibien. *Paris, Fréd. Léonard,* 1706. In-fol. frontisp. et pl. veau brun.

510. Historiæ Normannorum scriptores antiqui res ab illis per Galliam, Angliam, Apuliam, Capuæ principatum, Siciliam et Orientem gestas explicantes, ab anno Christi 838 ad annum 1220. Insertæ sunt monasteriorum fundationes variæ, series Episcoporum ac Abbatum : genealogiæ Regum, Ducum, Comitum et Nobilium, etc., par A. du Chesne. *Lutetiæ Parisiorum,* 1619, in-fol. veau rac.

Bel exemplaire. Livre rare et recherché.

511. La Normandie souterraine, ou notices sur des cimetières romains et des cimetières francs, explorés en Normandie par l'abbé Cochet. *Paris, Derache,* 1855. Gr. in-8, portr. et figures, br.

512. Sépultures gauloises, romaines, franques et normandes, faisant suite à la Normandie souterraine, par M. l'abbé Cochet. *Paris, Derache,* 1857. In-8, figures, br.

513. Notes d'un voyage en Auvergne, par Prosper Mérimée. *Paris, H. Fournier,* 1838. In-8, demi-rel. chagr. vert.

Édition originale.

514. Les Ducs de Bourgogne; étude sur les lettres, les arts et l'industrie pendant le xve siècle, et plus particulièrement dans les Pays-Bas et le duché de Bourgogne, par le comte de Laborde. *Paris, Plon frères,* 1849-52. 3 vol. in-8, fig. br.

IV. HISTOIRE ÉTRANGÈRE.

515. The History of England, from the invasion of Julius Cæsar to the Revolution in 1688, by David Hume. *London,* 1818. 10 vol. in-8, port. — The History of England, from the Revolution to the death of Georges II, by T. Smollett. *London,* 1818. 6 vol. in-8, portr. Ens. 15 vol. in-8, veau fauve, dent. à froid, tr. dor.

Très-bel exemplaire.

516. Histoire d'Angleterre, par le docteur J. Lingard, traduite par M. Léon de Wailly, avec la continuation jusqu'à nos jours. *Paris, Charpentier,* 1843-1844. 6 vol. in-12, demi-rel. mar. vert.

517. Histoire d'Angleterre, depuis les temps les plus reculés jusqu'à nos jours, par MM. de Roujoux et Alfred Mainguet; nouvelle édition, augmentée de plus d'un tiers et enrichie d'un grand nombre de gravures. *Paris, Hingray,* 1844. 2 vol. gr. in-8, fig. demi-rel. veau bleu.

518. England and the English, by Ed. Lytton-Bulwer. *Paris, Baudry,* 1836. In-8, demi-rel. mar. rouge.

519. Monumenta Germaniæ historica, inde ab anno

Christi 500 usque ad annum 1500, auspiciis societatis aperiendis fontibus rerum germanicar. medii ævi, edidit Georges-H. Pertz. *Hanoveræ*, 1826-69. 25 vol. in-fol. pl. demi-rel. dos et coins de mar. vert, tr. jasp.

Les quatre derniers volumes sont brochés.

520. Inhaltsverzeichnisse der zehn ersten Bände der Monumenta Germaniæ ed.-G.-H. Pertz. *Hannover*, 1848. In-8, demi-rel. mar. bleu, tr. marbr.

521. Histoire d'Allemagne, depuis les temps les plus reculés jusqu'à l'année 1838, par Kohlrausch, traduite de l'allemand sur la onzième édition, par A. Guinefolle. *Paris*, *Debécourt*, 1838. 2 vol. in-8, demi-rel. veau.

522. Origines de l'Allemagne et de l'Empire germanique, avec introduction générale et carte géographique, par J. Zeller. *Paris, Didier*, 1872. In-8, br.

523. Rome, description et souvenirs, par Francis Wey, ouvrage contenant 352 gravures sur bois, dessinées par nos plus célèbres artistes et un plan de Rome; nouvelle édition, revue, corrigée, augmentée, et suivie d'un index général analytique. *Paris, Hachette et Cie*, 1873. Gr. in-4, fig. demi-rel. mar. rouge, plats toile, fers spéciaux, tr. dor.

524. Antiquitates Italicæ medii ævi post declinationem romani imperii ad ann. 1500, auctore Lud. Ant. Muratorio. *Mediolani*, 1738. 6 vol. in-fol. front. vélin.

525. Storia Fiorentina di Ricordano Malispini col seguito di Giacotto Malispini dalla edificazione di Firenze sino all' anno 1286, ridotta a miglior lezione e con annotazioni illustrata da V. Follini. *Firenze*, 1816. In-4, demi-rel. dos et coins de vélin.

526. **Venetia, città nobilissima et singolare, descritta in XIIII libri, da M. Francesco Sansovino.** *In Venetia, appresso Jacomo Sansovino*, 1581. In-4, mar. rouge, dos orné, fil. tr. dor. (*Anc. rel. aux armes du prince Eugène de Savoie.*)

Forte mouillure au commencement du volume.

527. Venezia e le sue lagune. *Venezia, stabilimento Antonelli*, 1847. 3 vol. gr. in-8, fig. cart. n. rog.

528. Études sur les peuples primitifs de la Russie. Les Mériens, par le comte A. Ouvaroff, traduit du russe par F. Malaqué. *Saint-Pétersbourg*, 1875. In-4, br.

529. Types et caractères russes, par M. Ivan Golovine. *Paris, Capelle*, 1847. 2 tomes en 1 vol. in-8, demi-rel. chagr. vert.

Envoi autographe de l'auteur.

530. L'Indoustan, ou Religion, mœurs, usages, arts et métiers des Hindous; ouvrage orné de cent quatre planches gravées d'après les dessins originaux, par M. P***. *Paris, A. Nepveu*, 1816. 6 vol. in-16, figures, cart. réunis dans un étui.

531. Description géographique, historique, chronologique et physique de l'empire de la Chine et de la Tartarie chinoise, enrichie de cartes générales et particulières de ces pays, par le P. J.-B. du Halde de la Cie de Jésus. *A Paris, chez P.-G. Lemercier*, 1735. 4 vol. in-fol. fig. et cart. v. ant.

532. Chine, ou Description historique, géographique et littéraire de ce vaste empire, d'après des documents chinois, par M. G. Pauthier. *Paris, Firmin-Didot frères*, 1837. In-8, figures, demi-rel. mar. r. tr. jasp.

NOBLESSE

---

533. Nouvelle Méthode raisonnée du blason, ou l'Art héraldique du P. Menestrier, mise dans un meilleur ordre et augmentée de toutes les connaissances relatives à cette science, par M. L***. *Lyon, P. Bruyset-Ponthus*, 1780. In-8, front. et pl. veau éc.

Dernière édition, la plus complète.

534. Recherches sur l'origine du blason et en particulier sur la fleur de lis, par M. Adalbert de Beaumont, avec 22 planches gravées. *Paris, A. Leleux*, 1853. In-8, figures, br.

535. Manuel héraldique, ou Clef de l'art du blason à l'usage de la jeunesse française, par L. F. D. *Limoges, Bargeas*, 1816. In-8, demi-rel. chagr. vert, dos orn. tr. jasp.

536. Mémoires sur l'ancienne chevalerie, par La Curne de Sainte-Palaye, avec une introduction et des notes historiques par M. Ch. Nodier. *Paris, Girard*, 1826. 2 vol. in-8, fig. demi-rel. v. br. tr. marbr.

537. Histoire généalogique de la Maison de France, revue et augmentée en cette troisième édition avec les illustres familles sorties des reines et princesses du sang, par Scévole et Louis de Saincte-Marthe. *A Paris, Sébastien Cramoisy*, 1647. 2 vol. in-fol. v. ant.

ARCHÉOLOGIE

ÉPIGRAPHIE — NUMISMATIQUE

538. REVUE ARCHÉOLOGIQUE, ou Recueil de documents et de mémoires relatifs à l'étude des monuments, à la numismatique et à la philologie de l'antiquité et du moyen âge, publiés par les principaux archéologues français et étrangers et accompagnés de planches gravées, d'après les monuments originaux. *Paris, Didier*, 1844-79. 54 vol. gr. in-8, fig. demi-rel. et br.

539. ANNALES ARCHÉOLOGIQUES publiées par M. Didron, avec la collaboration des principaux archéologues, architectes, dessinateurs et graveurs français et étrangers. *Paris, veuve Didron*, 1844-70. 27 tomes en 14 vol. in-4, nombr. fig. demi-rel. mar. viol. tr. jasp.

540. Annuaire de l'Association pour l'encouragement des études grecques. *Paris, Durand et Pedone-Lauriel*, 1869-78. 10 vol. in-8, br. et 8 fasc. in-4 pour les Monuments.

541. Histoire de l'art dans l'antiquité, par M. Winckelman, traduite de l'allemand par Huber. *Leipsig, J. Gottl. J. Breitkopf*, 1781. 3 vol. in-4, front. et fig. veau éc.

Bel exemplaire.

542. Nouveau Manuel d'archéologie, ou Traité sur les antiquités grecques, étrusques, romaines, etc., traduit de l'allemand, par P. Nicard. *Paris*,

Roret, 1841. 3 vol. in-12, et atlas de pl. in-4, demi-rel. mar. vert.

543. Catalogue des artistes de l'antiquité jusqu'à la fin du VIe siècle de notre ère, par M. le comte de Clarac. *Paris*, *Vinchon*, 1844. In-12, demi-rel. veau rouge.

Tiré à 100 exemplaires. Envoi autographe de l'auteur.

544. Études sur les beaux-arts, essais d'archéologie et fragments littéraires, par L. Vitet. *Paris*, *Comon*, 1846. 2 vol. in-12, tr. jasp.

545. Fouilles et découvertes réunies et discutées en vue de l'histoire de l'art, par M. Beulé. Grèce, Italie, Afrique et Asie. *Paris*, *Didier*, 1873. 2 vol. in-8, br.

546. Mélanges d'archéologie et d'histoire, par Ch. Robert. *Paris*, *J.-B. Dumoulin*, 1875. In-8, br.

Envoi d'auteur.

547. De la Politique et du commerce des peuples de l'antiquité, par A.-H.-L. Heeren, traduit de l'allemand sur la quatrième et dernière édition, enrichie de cartes, de plans, et de notes inédites de l'auteur, par W. Suckau. *Paris*, *F. Didot*, 1830-34. 6 vol. in-8, cartes et pl. demi-rel. veau fauve, tr. marb.

548. De aliquot gentium migrationibus, sedibus fixis, reliquiis linguarumq; initiis et immutationibus ac dialectis libri XIII, auctore Wolfgango Lazio. *Basileæ*, *ex officina Oporiniana*, 1572. In-fol. demi-rel. veau violet.

549. Dictionnaire des antiquités romaines et grecques, accompagné de 2,500 gravures d'après l'antique, par Anthony Rich, traduit de l'anglais sous la direction de M. Chéruel. *Paris*, *F. Didot*, 1859. In-12, fig. demi-rel. mar. vert, tr. peign.

550. Des Dépouilles religieuses enlevées à Constantinople au XIIIe siècle par les Latins, et des documents historiques nés de leurs transports en Occident, par le comte Riant. *Paris*, 1875. In-8, br.

551. Dictionnaire des antiquités romaines, ou Explication abrégée des cérémonies, des coutumes et des antiquités sacrées et profanes, publiques et particulières, civiles et militaires, communes aux Grecs et aux Romains, ouvrage traduit de Samuel Pitiscus. *Paris, N.-A. Delalain*, 1766. 2 vol. in-8, veau fauve, dos orné à l'oiseau, tr. marbr.

552. Notitia dignitatum imperii romani, ex noua recensione Philippi Labbe Biturici, cum pluribus aliis opusculis, indicibus ac notis. *Parisiis, e Typographia regia*, 1651. Pet. in-12, front. mar. r. dos orné, dent. tr. dor. (*Anc. rel.*)

Très-jolie édition qui contient un texte revu et de plus les variantes des éditions précédentes.

Bel exemplaire dans une fraîche reliure, au dos et sur les plats de laquelle se trouve une fleur de lis, surmontée d'une couronne royale.

553. Correspondance inédite du comte de Caylus, avec le P. Paciaudi, Théatin (1757-1766), suivie de celles de l'abbé Barthélemy et de P. Mariette avec le même, publiées par Charles Nisard. *Paris, Imprimerie nationale*, 1877. 2 vol. in-8, portr. br.

Envoi autographe de l'éditeur à M. J. Labarte.

554. L'Electrum des anciens était-il de l'émail? dissertation sous forme de réponse à M. Jules Labarte, par Ferd. de Lasteyrie. *Paris, F. Didot*, 1857. In-8, br.

Avec une longue lettre autographe de l'auteur à M. Labarte.

555. La Chasse à la Haie, par M. Peigné-Delacourt. *Paris, imprimerie de Mme Vve Bouchard-Huzard*, 1858. In-4 de 43 pp. figures noires et en coul. demi-rel. chagr. brun, tr. jasp.

556. Le Palais de Scaurus, ou Description d'une

maison romaine, fragment d'un voyage fait à Rome vers la fin de la République, par Mérovir, prince des Suèves. *Paris, Firmin-Didot*, 1822. In-8, fig. demi-rel. mar. vert.

557. Osservationi supra alcuni frammenti di vasi antichi di vetro ornati di figure trovati ne' cimiteri di Roma. *In Firenze*, 1716. In-4, pl. demi-rel. mar. brun, tête dor. éb.

558. Description des antiquités et objets d'art qui composent le cabinet de feu M. le chevalier E. Durand, par J. de Witte. *Paris, Firmin-Didot frères*, 1836. In-8, demi-rel. mar. r. tr. jasp.

559. Abécédaire ou Rudiment d'archéologie (ère gallo-romaine), par M. de Caumont. *Paris, Dentu*, 1862. In-8, figures dans le texte, demi-rel. mar. vert, tr. peign.

560. Dictionnaire d'archéologie sacrée, contenant par ordre alphabétique des notions sûres et complètes sur les antiquités et les arts ecclésiastiques, par M. J.-J. Bourassé, publié par M. l'abbé Migne. *Paris*, 1851. 2 vol. gr. in-8, demi-rel. mar. brun.

561. Dictionnaire des antiquités chrétiennes, contenant le résumé de tout ce qu'il est essentiel de connaître sur les origines chrétiennes jusqu'au moyen âge exclusivement, par M. l'abbé Martigny. *Paris, L. Hachette*, 1865. In-8, fig. demi-rel. mar. vert, plats toile.

562. Mélanges d'archéologie, d'histoire et de littérature rédigés par les auteurs de la monographie de la cathédrale de Bourges (Charles Cahier et Arthur Martin). *Paris, Vve Poussielgue-Rusand*, 1847-50. 4 vol. in-4, fig. noires et en couleurs, demi-rel. avec coins mar. vert, fil. tr. jasp.

563. Kunstdenkmäler des christlichen Mittelalters

in den Rheinlanden, herausgegeben von E. A. Weerth. *Leipzic*, *Weigel*, 1857. 3 part. en un vol. in-4, demi-rel. dos et coins demar. brun, tête dor. éb. et atlas in-fol. même reliure.

564. Rome souterraine. Résumé des découvertes de M. de Rossi dans les catacombes romaines et en particulier dans le cimetière de Calliste, par J. Spencer Northcote et W.-R. Brownlow, traduit de l'anglais par P. Allard. *Paris, Didier*, 1872. In-8, fig. noires et en couleurs, demi-rel. dos et coins de mar. rouge, tête dor. éb.

565. Iconographie chrétienne, ou Étude des sculptures, peintures, etc., qu'on rencontre sur les monuments religieux du moyen âge, par M. l'abbé Crosnier. *Paris, chez Derache*, 1848, in-8, fig. dans le texte, demi-rel. mar. vert, tr. jasp.

566. Manuel d'iconographie chrétienne grecque et latine, avec une introduction et des notes, par M. Didron. *Paris, Impr. nationale,* 1845. In-8, demi-rel. mar. brun.

567. La Pala d'oro dell' I. R. patriarcale basilica di S. Marco, considerata sotto i risguardi storici. archeologici ed artistici, dal Can. Mons. Giovanni Bellomo. *Venezia,* 1847. In-4, pl. demi-rel, chagr. vert.

568. Dissertation sur le Rössel d'or d'Altœtting, par Jules Labarte. *Paris, Didron*, 1869. In-4 de 11 pages, figures en couleurs.

Extrait des « Annales archéologiques ».

569. Les Fées du moyen âge, recherches sur leur origine, leur histoire et leurs attributs, pour servir à la connaissance de la mythologie gauloise, par A. Maury. *Paris, Ladrange,* 1843. In-12, cart.

Très rare.

570. Mémoire sur les sépultures des barbares de l'époque mérovingienne, découvertes en Bourgogne et particulièrement à Charnay, par H. Baudot. *Dijon et Paris, V. Didron,* 1860. In-4, pl. noires et en couleurs, demi-rel. dos et coins de mar. vert, tête dor. éb.

571. Description du trésor de Guarrazar, accompagnée de recherches sur toutes les questions archéologiques qui s'y rattachent, par Ferd. de Lasteyrie. *Paris, Gide,* 1860. In-4, pl. en couleur et fig. demi-rel. mar. brun.

572. Antiquités nationales, ou Recueil de monuments pour servir à l'histoire générale et particulière de l'Empire françois, tels que tombeaux, inscriptions, statues, vitraux, fresques, etc., tirés des abbayes, monastères, châteaux et autres lieux devenus domaines nationaux, par Aubin-Louis Millin. *Paris, chez Drouin,* 1790, *à l'an VII de la R. F.* 5 vol. petit in-4, fig. demi-rel. v. fauve, tr. marbr.

573. Cours d'antiquités monumentales professé à Caen par M. de Caumont. — Histoire de l'art dans l'ouest de la France, depuis les temps les plus reculés jusqu'au XVIIe siècle. *Paris, chez Lance,* 1830. 6 vol. in-8 et atlas obl. demi-rel. mar. vert, tr. jasp.

574. Bulletin monumental, ou Collection de mémoires et de renseignements sur la statistique monumentale de la France, par M. de Caumont. *Paris, Derache,* 1856-72 (tomes XXI à XXXVIII). 19 vol. in-8, figures, br.

575. Congrès archéologique de France, par la Société française d'archéologie. *Paris, Derache,* 1857-72 (tomes XX à XXXIII, XXXVII et XXXVIII). 16 vol. in-8, figures, br.

576. Éléments d'archéologie nationale, précédés d'une histoire de l'art monumental chez les anciens, par le docteur Louis Batissier. *Paris, Leleux*, 1843. In-12, figures dans le texte, demi-rel. mar. vert, tr. marbr.

577. Hadriani Valesii Disceptatio de basilicis quas primi Francorum reges condiderunt. *Parisiis, Cramoisy*, 1657. In-12, veau.

578. Éclaircissemens géographiques sur l'ancienne Gaule, précédés d'un traité des mesures itinéraires des Romains et de la lieue gauloise, par M. d'Anville. *Paris, chez la veuve Estienne*, 1741. In-12, cartes, v. ant. tr. marbr.

579. Itinéraire archéologique de Paris, par M. F. de Guilhermy, illustré de 15 gravures sur acier et de 22 vignettes gravées sur bois d'après les dessins de M. Charles Pichot. *Paris, Bance*, 1855. In-12, figures, demi-rel. mar. r. tr. jasp.

580. Portefeuille archéologique de la Champagne, par A. Gaussen. *Bar-sur-Aube, Jardeaux-Ray*, 1861. In-4, figures en coul. demi-rel. avec coins, mar. r. fil. tête dor. n. rog.

581. Lettre sur la chape arabe de Chinon, adressée à M. Reinaud par M. Saveirio Cavallari. — Rapport sur la chape arabe de Chinon, par M. Reinaud. — Analyse d'un mémoire géographique, etc., sur l'Inde, par M. Reinaud. — De l'Art militaire chez les Arabes, par M. Reinaud. — Question scientifique et personnelle sur la géographie et l'histoire de l'Inde, par M. Reinaud. — Notices sur les dictionnaires géographiques arabes, par M. Reinaud. — Mémoire sur le commencement et la fin du royaume de la Mézène, etc., par M. Reinaud. — Mémoire sur la date des écrits que portent les noms de Bérose et de Manéthon, par E. Havet. — Nouvelles Preuves de l'histoire

de Chypre, par Mas-Latrie; 1re livr. Ensemble 8 plaquettes reliées et br. en 4 vol.

582. Essai sur l'appréciation de la fortune privée au moyen âge, relativement aux variations des valeurs monétaires et du pouvoir commercial de l'argent, par E. Leber; seconde édition, augmentée. *Paris*, *Guillaumin*, 1847. In-8, demi-rel. chagr. vert.

583. Collection archéologique du prince Pierre Soltykoff. — Horlogerie. Description et iconographie des instruments horaires du XVIe siècle; précédée d'un abrégé historique de l'horlogerie au moyen âge et pendant la Renaissance, par P. Dubois. *Paris*, *V. Didron*, 1858. In-4, pl. demi-rel. dos et coins de mar. brun, tête dor. éb. (*Gaillard.*)

---

584. Mélanges d'épigraphie, par Léon Renier. *Paris*, *F. Didot*, 1854. In-8, demi-rel. mar. rouge, tr. marbrée.

Envoi autographe de l'auteur à M. le comte de Laborde.

585. Épigraphie gallo-romaine de la Moselle, étude par P.-Charles Robert. *Paris*, *Didier*, 1873. In-4, fig. br.

586. Manuel d'épigraphie suivi du recueil des inscriptions du Limousin, par M. l'abbé Texier. *Poitiers*, *imprimerie de A. Dupré*, 1851. Gr. in-8, fig. br.

Envoi d'auteur.

587. Syrie centrale. Inscriptions sémitiques publiées par le comte de Vogüé. *Paris*, *J. Baudry*, 1868-1877. In-4, figures, br.

588. Leçons d'épigraphie assyrienne professées aux cours libres de la Sorbonne pendant l'année 1869,

par M. Joachim Ménant. *Paris, Maisonneuve*, 1873. In-4, br.

Envoi d'auteur.

---

589. La Science des Médailles, nouvelle édition, avec des remarques historiques et critiques (par le P. Jobert). *Paris*, *chez De Bure*, 1739. 2 vol. in-12, frontisp. et figures, v. fauve, fil. tr. r.

590. Traité élémentaire de numismatique ancienne, grecque et romaine, composé d'après celui d'Eckhel, par Gérard-Jacob K. *Paris, chez Aimé André*, 1825. 2 tomes en 1 vol. in-8, figures, v. viol. fil. dent. à froid sur les plats, tr. marbr.

591. Das K. K. Münz-und antiken-kabinet, beschrieben von Joseph Arneth. *Wien*, 1845. In-8, demi-rel. chagr. vert.

592. L'Æs grave del museo Kerchiriano, ovvero le Monete primitive de'popoli dell'Italia media, ordinate e descritte, aggiuntovi un ragionamento per tentarne l'illustrazione. *Roma*, 1839, in-4, br. et atlas in-4, oblong de pl. br.

593. Essai de classification des suites monétaires byzantines, par F. de Saulcy. *Metz*, *S. Lamort*, 1836. In-8, et atlas in-4 de pl. demi-rel. mar. rouge, tr. peigne.

594. Das Siegeskreuz der byzantinischen Kaiser Constantinus VII Porphyrogenitus und Romanus II und der Hirtenstab des Apostels Petrus, zwei Kunstdenkmäler byzantinischer und deutscher Arbeit des 10 Jahrhunderts, von E.-A. Weerth. *Bonn*, 1866. Gr. in-fol. pl. noire et en couleurs, cart.

595. Manuel monétaire et d'orfèvrerie, ou Nouveau Traité des monnaies et des calculs relatifs aux différentes valeurs des espèces, vaisselles, etc.,

par Aug. Bonnet. *Paris, Bailleul*, 1810. In-4, demi-rel. veau bleu.

596. Traité des pierres gravées par P.-J. Mariette. *Paris, imprimerie de l'auteur*, 1750. 2 vol. in-folio, figures gravées, v. ant.

597. Catalogue général et raisonné des camées et pierres gravées de la Bibliothèque impériale, suivi de la description des autres monuments exposés dans le cabinet des médailles et antiques, par M. Chabouillet. *Paris, J. Claye*, 1858. In-12, br.

Envoi autographe de l'auteur à M. J. Labarte.

598. Recueil des sceaux du moyen âge, dits sceaux gothiques. *Paris, Ant. Boudet*, 1779. In-4, front. et fig. cart. n. r.

599. Inventaire des sceaux de l'Artois et de la Picardie, recueillis dans les dépôts d'archives, musées et collections particulières des départements du Pas-de-Calais, de l'Oise, de la Somme et de l'Aisne, avec un catalogue de pierres gravées ayant servi à sceller, et 24 planches photoglyptiques, G. Demay. *Paris, Imprimerie nationale*, 1877. In-4, figures, br.

HISTOIRE LITTÉRAIRE
PALÉOGRAPHIE

---

600. Jourdain (Charles). Histoire de l'Université de Paris aux xviie et xviiie siècles. — Index chronologicus chartarum pertinentium ad historiam Univer-

sitatis Parisiensis. *Paris*, *L. Hachette*, 1862-66. 2 vol. in-fol. br.

601. Histoire de l'Académie royale des inscriptions et belles-lettres, depuis son établissement, avec les éloges des Académiciens morts depuis son renouvellement. *Paris, chez Hippolyte-Louis Guérin*, 1740. 3 vol. in-12, front. et fig. grav. v. f. dos orné, fil. tr. r.

602. Maury (Alfred-L.-F.). L'Ancienne Académie des inscriptions et belles-lettres. — L'Ancienne Académie des sciences. *Paris*, *Didier*, 1864. Ens. 2 vol. in-12, demi-rel. mar. r. tr. peign.

603. Mémoires de l'Institut national de France, Académie des inscriptions et belles-lettres, tome 29e. *Paris, Imprimerie nationale*, 1879. In-4, cart. non rog.

604. Mémoires présentés par divers savants à l'Académie des inscriptions et belles-lettres de l'Institut de France. *Paris*, *Imprimerie nationale*, 1873-75. 5 vol. in-4, cart. non rog.

Tomes VII, VIII, XXII, XXVII, XXVIII.

605. Notices et extraits des manuscrits de la Bibliothèque nationale et autres bibliothèques, publiés par l'Institut national de France. *Paris*, *Impr. nationale*, 1874-79. 3 vol. in-4, cart. non rog.

Tomes XXII, XXIII et XXVII.

606. Table générale et méthodique des mémoires contenus dans les recueils de l'Académie des inscriptions et belles-lettres et de l'Académie des sciences morales et politiques, par Eug. de Rozière et Eug. Chatel. *Paris*, *Aug. Durand*, 1856. In-4, demi-rel. v. fauve, tr. jasp.

Envoi autographe de l'auteur.

607. Histoire de la langue et de la littérature françaises au moyen âge d'après les travaux les plus

récents, par Charles Aubertin. *Paris, Eug. Belin*, 1876-78. 2 vol. in-8, br.

608. Histoire littéraire de la France, ouvrage commencé par des religieux bénédictins de la congrégation de Saint-Maur et continué par des membres de l'Institut, tome XXVI, XIVe siècle. *Paris, Didot*, 1873. In-4, cart. non rog.

609. Histoire littéraire de la France, avant le XIIe siècle, par M. J.-J. Ampère. *Paris, chez L. Hachette*, 1839-40. 3 vol. in-4, demi-rel. mar. r. tr. jasp.

610. Cours familier de littérature, par M. de Lamartine. *Paris*, 1856. 114 numéros, br.

611. Tableau de la littérature française au XVIe siècle, suivi d'études sur la littérature du moyen âge et de la renaissance, par Saint-Marc Girardin. *Paris, Didier*, 1862. In-8, demi-rel. mar. vert, tête dor. éb.

---

612. Palæographia græca, sive de ortu et progressu litterarum græcarum et de variis omnium scriptionis græcæ generibus ; itemque de abbreviationibus et de notis variarum artium ac disciplinarum, additis figuris et schematibus manuscriptorum codicum, opera et studio D. Bernard de Montfaucon. *Parisiis, L. Guérin*, 1708. In-fol. front. et pl. vélin.

613. De Re diplomatica libri VI, in quibus quidquid ad veterum, etc. ; accedunt commentarius de antiquis regum Francorum palatiis, etc., opera et studio domni Joh. Mabillon, editio secunda ab ipso auctore recognita, emendata et aucta. *Lutetiæ Parisiorum, Car. Robustel*, 1709. 2 part. en 1 vol. in-fol. front. et pl. veau.

Le supplément, qui manque souvent, forme la seconde partie.

614. Dictionnaire raisonné de diplomatique, par dom de Vaines. *Paris, Lacombe*, 1774. 2 vol. in-8, veau.

615. Diarium italicum, sive monumentorum veterum, bibliothecarum, museorum, etc., per Bernardum de Montfaucon. *Parisiis, J. Anisson*, 1702. In-4, veau brun.

Un nom a été découpé sur le titre.

616. Les Manuscrits français de la Bibliothèque du Roi, leur histoire et celle des textes allemands, anglais, hollandais, italien, espagnol de la même collection, par M. Paulin Paris. *Paris*, *Techener*, 1836-48. 7 vol. in-8, demi-rel. veau f.

Double de la bibliothèque du duc d'Aumale, avec son cachet sur le titre.

617. Archives de l'Empire. Inventaires et documents publiés par ordre de l'empereur. Layettes du trésor des Chartes, par M. A. Teulet (de l'année 755 à 1246), 2 vol. — Collection de sceaux, par M. Douët d'Arcq. 3 vol. *Paris, Henri Plon*, 1863-68. Ens. 5 vol. in-4, texte à 2 col. br.

618. Musée des archives nationales, documents originaux de l'histoire de France exposés dans l'hôtel Soubise, ouvrage enrichi de 1,200 fac-similés des autographes les plus importants depuis l'époque mérovingienne jusqu'à la Révolution française, publié par la Direction générale des Archives nationales. *Paris, H. Plon*, 1872. In-4, texte à 2 col. br.

619. Les Archives de la France pendant la Révolution. — Introduction à l'inventaire du fonds d'archives dits les Monuments historiques. *Paris, J. Claye*, 1866. In-4, br.

620. Paléographie des chartes et des manuscrits du XIe au XVIIe siècle, par Alph. Chassant. *Evreux, J.-J. Ancelle fils*, 1839. In-8, demi-rel. mar. la Vall. tr. jasp.

621. Cartulaire de l'abbaye de Notre-Dame de la Roche, de l'ordre de Saint-Augustin au diocèse de Paris, d'après le manuscrit original de la Bibliothèque impériale, enrichi de notes, d'index et d'un dictionnaire géographiques, par Auguste Moutié, sous les auspices et aux dépens de M. H. d'Albert, duc de Luynes. *Paris, typ. H. Plon*, 1862. In-4, et atlas in-fol. br.

Envoi autographe du duc de Luynes.

622. Essai sur la calligraphie des manuscrits du moyen âge et les ornements des premiers livres d'heures imprimés, par E.-H. Langlois. *Rouen, J.-S. Lefèvre,* 1841. In-8, figures, demi-rel. mar. brun, dos orn. tr. jasp.

Rare, curieuses figures.

623. Diplomaticorum Belgicorum libri duo, in quibus Litteræ fundationum ac donationum piarum testamenta, codicilli, contractus antenuptiales, etc., per Aubertum Miræum. *Bruxellis, apud J. Pepermanum*, 1628. Petit in-4, vélin.

BIOGRAPHIE

624. Biographie universelle, ancienne et moderne, ou Histoire par ordre alphabétique de la vie publique et privée de tous les hommes qui se sont fait remarquer par leurs écrits, leurs actions, leurs talents, leurs vertus ou leurs crimes; ouvrage entièrement neuf, rédigé par une société de gens de lettres et de savants. *Paris, Michaud frères,*

1811-1862. 85 vol. in-8, texte à 2 col. demi-rel. bas. tr. jasp.

625. Dictionnaire universel, historique, critique et bibliographique. *Paris, Mame frères*, 1810-12, 19 vol. in 8, texte à 2 col. cart. ébarb.

626. Biographie nouvelle des contemporains, ou Dictionnaire historique et raisonné de tous les hommes qui, depuis la Révolution française, ont acquis de la célébrité, par MM. A.-V. Arnault et Jay, etc., ornée de 240 portraits au burin. *Paris, librairie historique,* 1820-25. 20 vol. in-8, portr. texte à 2 col. demi-rel. v. f. tr. marbr.

627. Dictionnaire critique de biographie et d'histoire, errata et supplément pour tous les dictionnaires historiques d'après des documents authentiques inédits, par A. Jal. *Paris*, *Henri Plon*, 1872. Gr. in-8, texte à 2 col. demi-rel. mar. viol. tr. jasp.

628. Histoire de Thomas More, par Th. Stapleton, traduite du latin par M. Alexandre Martin, avec une introduction, des notes et commentaires par M. Audin. *Paris, L. Maison*, 1849. In-8, portr. demi-rel. mar. r. tr. jasp.

629. Dictionnaire universel des contemporains, contenant toutes les personnes notables de la France et des pays étrangers, par G. Vapereau. *Paris, L. Hachette,* 1858. In-8, texte à 2 col. tr. jasp. cart.

BIBLIOGRAPHIE

630. Manuel du Libraire et de l'Amateur de livres, contenant : 1° un nouveau Dictionnaire bibliographique ; 2° une table en forme de catalogue raisonné, par Jacques-Charles Brunet. *Paris, Firmin-Didot frères et fils*, 1860-80. 6 vol. in-8, demi-rel. avec coins, mar. la Vall. tête dor. ébarb. et 2 vol. de suppl. br.

Très-bel exemplaire.

631. De la Bibliomanie. *A la Haye*, 1761 (*Paris, chez D. Jouaust*). In-12 de 72 pages, br.

Envoi autographe de l'éditeur à M. J. Labarte.
Tiré à petit nombre.

632. Manuel du bibliophile, ou Traité du choix des livres, par Gabriel Peignot. *Dijon, chez Victor Lagier*, 1823. 2 vol. in-8, demi-rel. mar. vert, tr. jasp.

633. Voyage bibliographique, archéologique et pittoresque en France, par le Rév. Th. Frognall Dibdin, traduit de l'anglais avec des notes, par Th. Licquet. *Paris, Crapelet*, 1825. 4 vol. gr. in-8, demi-rel. dos et coins de mar. violet, non rogné. (*Thouvenin.*)

Grand papier vélin. Piqûres d'humidité.

634. Bibliotheca Coisliniana, olim Segueriana, sive manuscriptorum omnium græcorum, quæ in ea continentur, accurata descriptio, studio et opera D. Bernardi de Montfaucon. *Parisiis, apud L. Guérin*, 1715. In-fol. cart. n. rog.

635. Bibliotheca bibliothecarum manuscriptorum

nova, auctore B. de Monfaucon. *Parisiis, Briasson,* 1739. 2 vol. in-fol. veau marbr.

636. La Librairie de Jean, duc de Berry, au château de Mehun-sur-Yèvre, 1410. Publié pour la première fois d'après les inventaires et avec des notes, par H. de Beauvoir. *Paris,* 1860. In-8. — Notice des estampes exposées à la Bibliothèque du Roi, contenant des recherches historiques et critiques sur ces estampes et sur leurs auteurs. *Paris, de Bure,* 1823. In-8. — Description d'un évangéliaire du trésor de Notre-Dame de Tongres, par J. Petit de Rosen. *Liège,* 1852. In-8. — Notice sur un évangéliaire de la cathédrale de Tournay, par M. le vicaire général Voisin. *Tournai,* 1856. In-8, fig. — Missel de Juvénal des Ursins, cédé à la ville de Paris, le 3 mai 1861, par Ambr. F.-Didot. *Paris, Didot,* 1861. In-8, cart. — Ensemble, 5 plaquettes in-8, br. et cart.

637. Recherches sur Louis de Bruges, seigneur de la Gruthuyse, suivie de la notice des manuscrits qui lui ont appartenu, et dont la plus grande partie se conserve à la Bibliothèque du Roi. *Paris, chez de Bure frères,* 1831. Gr. in-8, fig. cart. n. rog.

638. Catalogue des manuscrits grecs de la bibliothèque de l'Escurial, par E. Miller. *Paris, Impr. nationale,* 1848. In-4, br.

Envoi autographe signé de l'auteur à M. J. Labarte.

639. Catalogue des manuscrits de la bibliothèque de Laon, rédigé par M. Félix Ravaisson. *Paris, Impr. royale,* 1846. In-4, cart.

640. Alde Manuce et l'Hellénisme à Venise, par Ambroise Firmin-Didot. *Paris, typographie d'Ambroise Firmin-Didot,* 1875. In-8, portraits, br.

641. Catalogue général de la librairie française au

XIXe siècle, indiquant, par ordre alphabétique de noms d'auteurs, les ouvrages publiés en France du 1er janvier 1800 au 31 décembre 1859, par Paul Chéron. *Paris*, *P. Jannet*, 1856-59. 7 vol. in-8 br.

642. Catalogue de la librairie Morgand et Fatout, n°s 6, 7, 8, 9, 10 et répertoire. *Paris, Morgand et Fatout,* 1877-79. Ens. 6 vol. in-8, figures en coul. br.

TABLE DES DIVISIONS

PREMIÈRE PARTIE

DEUXIÈME PARTIE

Paris. — Typ. G. Chamerot, 19, rue des Saints-Pères. — 10483.

www.ingramcontent.com/pod-product-compliance
Ingram Content Group UK Ltd.
Pitfield, Milton Keynes, MK11 3LW, UK
UKHW021823190726
13853UKWH00003B/1141